SERVIR

DU MÊME AUTEUR

La Littérature française du XIXe au XXe siècle, « Les Essentiels », Milan, 1999.

La Littérature française du Moyen Âge au XVIIIe siècle, « Les Essentiels », Milan, 1999.

Victor Hugo et Juliette Drouet dans l'ombre du génie, Acropole, 2001.

Les Cent Poèmes du bonheur, avec Béatrice Mandopoulos, Omnibus, 2002.

Cinquante Billets d'amour pour te dire que je t'aime, Omnibus, 2003.

Colette ou la saveur des mots, avec Béatrice Mandopoulos, « Les Essentiels », Milan, 2004.

Cent Récitations d'hier pour aujourd'hui, Omnibus, 2005.

Les Métiers oubliés, Omnibus, 2005.

Au fil des mots : l'amour, Omnibus, 2006.

ABBÉ PIERRE

SERVIR
Paroles de vie

rassemblées et présentées
par Albine Novarino

PRESSES DU CHÂTELET

Si vous souhaitez recevoir notre catalogue et être tenu au courant de nos publications, envoyez vos nom et adresse, en citant ce livre, aux Presses du Châtelet,
34, rue des Bourdonnais 75001 Paris.
Et, pour le Canada, à
Édipresse Inc., 945, avenue Beaumont, Montréal, Québec H3N 1W3.

ISBN 2-84592-186-1

AVANT-PROPOS

Ce livre rassemble les pensées, les opinions, les mises en garde, les réactions et les confidences de l'Abbé Pierre. Ces maîtres mots, qui ont façonné sa vie – et son œuvre principale : la création des communautés d'Emmaüs –, ont été recueillis dans tout ce qu'il a personnellement écrit ou dit.

Au nombre des ouvrages qui ont nourri le présent volume, on compte ses premiers textes, ses carnets de jeunesse[1], rédigés entre 1927 et 1931, puis ses œuvres de la maturité ou de l'âge avancé comme son *Testament*[2], et ses confidences recueillies par Frédéric Lenoir dans *Mon Dieu... pourquoi ?*[3], publié en novembre 2005.

---

1. *Je voulais être marin, missionnaire ou brigand. Carnets intimes inédits*, Le cherche-midi, 2002.
2. Bayard, 1994.
3. Plon, 2005.

Nous avons puisé également dans les retranscriptions locales d'émissions de radio ou de télévision, de conférences de presse, destinées à un vaste public, en France comme dans le monde. Interviews, mais aussi réunions informelles avec des compagnons, dont on trouve heureusement trace dans des ouvrages le concernant et qui ont parfois été édités par les communautés elles-mêmes, comme celle de Montbéliard.

Enfin, certaines phrases sont extraites de biographies ou de monographies consacrées à l'Abbé Pierre ; toutes les sources sont citées en fin de volume.

Mais il a fallu choisir : cet homme, resté fidèle à ses engagements d'adolescence, a pu exprimer la même pensée, fondamentale, avec des nuances, des mots et des expressions légèrement différents, et ce d'autant qu'il a été sollicité très largement et de toutes parts. Il n'a jamais dévié de sa ligne ; il est fascinant de constater à quel point il est l'homme d'un discours prophétique immuable, martelé avec une vigueur inégalée sur plus de cinquante ans. Mais l'Abbé Pierre ne choisit pas ses mots de la même manière selon qu'il s'agit d'une œuvre écrite dans le silence et la concentration d'une cellule ou de paroles prononcées dans le bouillonnement d'une émission de radio ou de télévision, en direct et en public. Nous avons naturellement évité les répétitions et les redites, mais il arrive cependant, en de rares occasions, qu'une même idée soit exprimée avec des variantes formelles offrant des éclairages différents, auquel cas nous avons laissé s'installer un système d'échos.

D'une manière générale, nous avons privilégié, chaque fois que c'était possible, les formules percutantes, voire à l'emporte-pièce. D'une part parce que l'aphorisme semble fidèle à l'esprit de l'Abbé Pierre et à son œuvre de maturité, d'autre part parce que c'est lorsqu'elles sont exprimées avec vigueur et sans détour que ses idées sont les plus marquantes et les plus accessibles.

Car, que l'on ne s'y trompe pas, cette œuvre est viatique. L'Abbé Pierre nous aide non seulement à vivre et à aimer la vie en aimant les autres, mais encore à apprivoiser la mort par son approche originale de ce qu'il appelle avec une délicieuse désinvolture « les grandes vacances ». Il ne cesse en effet, depuis de nombreuses années, de tenir un discours dont la sérénité s'oppose aux silences et aux manières contemporains qui, en escamotant la mort, nous en rendent l'idée même atroce et terriblement anxiogène. L'Abbé Pierre nous offre l'espérance, l'espérance à l'état pur et ce, qui que nous soyons. Les préceptes s'adressent à chacun et à chacune d'entre nous, au-delà de nos appartenances, de nos croyances, de nos confessions respectives et de nos multiples différences.

« Chez Emmaüs, croyants ou pas, c'est la même soupe pour tout le monde. »

L'œuvre de l'Abbé Pierre apporte des réponses aux questions que se pose tout individu – croyant ou incroyant – sur le monde tel qu'il est, tel qu'il va et, peut-être plus précisément encore, tel qu'il ne va pas. Elle constitue en cela un formidable témoignage d'époque.

Sont réunis ici les préceptes de vie d'un homme qui a traversé quasiment tout le XXe siècle, et dont les différentes vies – en apparences opposées – se succèdent. Or, à y regarder de plus près, il est manifeste qu'elles ne se succèdent et ne s'opposent que pour mieux se compléter, s'enrichir. Elles viennent tranquillement, les unes après les autres, un peu à la manière des vagues créant l'immense phénomène de la marée, pour donner naissance à une œuvre unique, a priori improbable, que le monde entier nous envie : la création des communautés de Compagnons d'Emmaüs.

Homme d'action et d'actions s'il en est, apte à manier la truelle et la pelle, à mettre des gonds aux portes des maisons bâties de ses mains pour les sans-abri – et, plus encore que des gonds aux portes, des vitres lumineuses aux fenêtres afin que celles-ci s'ouvrent sur des aubes plus radieuses –, l'Abbé Pierre n'a cessé de retrousser les manches de sa soutane pour édifier, construire.

Mais l'image de l'abbé bâtisseur ne doit pas en cacher une autre, tout aussi forte. Intellectuel de haut vol, l'Abbé Pierre illustre à merveille l'étymologie du verbe latin *« intellego »* : je comprends. Car force est d'admettre qu'il comprend, analyse, appréhende le monde et les hommes dans leur globalité. Puis, les ayant saisis tels qu'ils sont véritablement, et après avoir pris la mesure de tous les dysfonctionnements, il s'emploie sinon à les changer, du moins à les améliorer, autant que faire se peut, et quelle que soit la dose d'énergie nécessaire.

Or, cet intellectuel qui, durant ses sept années de solitude et d'adoration conventuelles, a puisé un formidable tonus et une volonté à toute épreuve pour dynamiser les foules, est homme de paroles autant que d'action. L'Abbé Pierre a le sens du verbe. Il a donné une quantité impressionnante de conférences, lancé une multitude d'appels en faveur de causes dont la plus célèbre est celle des sans-abri, devenue, au fil des temps et avec les fluctuations de la sémantique, celle des sans-logis. Il a naturellement répondu à de nombreuses interviews ; plus encore, il a passé du temps à parler, parler toujours, parler pour consoler ou éclairer les compagnons qui se confiaient à lui, mais aussi pour répondre aux gens, de toutes races, de tous âges, de toutes catégories socioprofessionnelles, qui croisaient son chemin et son regard.

Mais que l'on ne se méprenne pas. L'un des plus médiatisés et des plus médiatiques des Français n'a jamais apprécié les moments de célébrité que le Ciel lui a envoyés ; ils avaient pour lui le goût des fruits amers plus que celui des délices sucrés. Sur ce qu'il est bienséant de nommer son « vedettariat », l'abbé lance des boutades qui font sourire : *« La pire vacherie que l'on peut faire à un copain que l'on n'aime pas, c'est lui souhaiter de devenir célèbre. »*

Homme de paroles, l'Abbé Pierre s'inscrit dans l'écrit aussi magistralement que dans l'oral. Il aime les mots, avec une prédilection avouée pour certains dont les sonorités, d'évidence, le ravissent. Il recherche toujours, quasi amoureusement, la précision du vocabulaire ; l'excellence de sa formation classique le conduit à analyser les termes qu'il aime plus que les autres pour les choisir de préférence.

C'est dans cet esprit qu'apparaissent ici les idées fondamentales de celui que, malgré lui, la quasi-totalité des Français considèrent comme le plus populaire d'entre eux.

Ces préceptes ont été regroupés en vingt chapitres parmi lesquels :

Aimer, parce que l'amour est la préoccupation essentielle, avouée ou non, de tous les hommes et de toutes les femmes, sous tous les cieux, et depuis toujours. Il est au cœur de la vie et de l'action de l'Abbé Pierre. Par la richesse et l'originalité avec lesquelles il considère et vit l'amour, il ouvre de nouveaux horizons, au-delà de nos couples, de nos cercles clos, et même au-delà de la vie, dans l'enthousiasmante perspective de la parousie.

Agir, parce que, face à toutes les difficultés que l'homme doit affronter, qu'il en soit responsable ou non, un sursaut s'impose, au nom même de l'amour. Et l'Abbé Pierre n'a cessé de réagir tout au long de sa vie, de toutes les manières possibles, sur tous les tons de la gamme.

Partager, parce que, au nombre des causes défendues par l'Abbé Pierre, celle du partage est fondamentale. Partage du travail, des richesses, mais aussi, de manière plus immédiate et concrète, partage de son temps, de son sourire, de sa bonne humeur, de son amitié, de son amour, de sa tendresse. Partager avec nos proches, certes, mais aussi avec tous les « cabossés de la vie », les « pauvres bougres » que l'absence d'amour a fini par rendre parfaitement invisibles et transparents aux nantis pour qui aimer et être aimé est une évidence depuis l'enfance. Quand on a reçu, il faut savoir donner, et c'est à chacun de nous d'avoir l'élan, la générosité et la spontanéité de partager avec les autres le meilleur de lui-même.

Aider, parce que, après avoir réagi, aider autrui est l'un des moyens les plus efficaces de mettre en œuvre ses sentiments. Aide matérielle – construire, bâtir des habitats, donner – ou spirituelle – comprendre, réconforter, rassurer, conseiller, stimuler, donner confiance.

Être lucide, parce que c'est un devoir et une urgence, parce que nous sommes responsables de nous-mêmes mais aussi des autres, quel que soit le pic rocheux ou le marécage fangeux dans lequel ils vivent ou plutôt survivent. La mondialisation n'est pas seulement un pur concept réservé à quelques économistes spécialisés. Elle est devenue, avant même que nous nous en apercevions, une donnée humaine morale qui est l'affaire de tout citoyen.

Servir, parce qu'il appartient à tout un chacun de servir les autres avant soi-même et, chez les autres, de servir d'abord les plus souffrants. Servir, sans ignorer que se mettre au service de la détresse est une tâche noble et courageuse, mais difficile et qui réclame abnégation et force de caractère. Servir les plus souffrants, c'est prendre le risque d'être phagocyté par leur détresse.

Écouter, parce que, pour aider les autres et les servir, il faut savoir s'oublier soi-même, sortir de soi pour leur prêter une oreille patiente, indulgente et délicate. Écouter ce qu'ils disent et entendre ce qu'ils ne disent pas, ce qu'ils ne disent plus, ce qu'ils sont bien incapables de dire. Il faut savoir deviner l'indicible. L'indicible de la souffrance, de la douleur, de l'impossibilité de la communication.

Vivre ensemble, parce qu'il n'y a de vraie joie, de bonheur authentique que partagés. Dans cet esprit, la solitude est à considérer non comme une fin en soi qui serait un refuge confortable, mais comme un temps nécessaire de ressourcement, de captation d'énergie qui permettra ensuite de retourner vers les autres, fort de cette sérénité à leur transmettre.

Communiquer, parce que l'Abbé Pierre s'est révélé au fil des années un extraordinaire communicateur. Ses messages les plus forts ont été largement entendus. Ils ont fait connaître Emmaüs et généré des implantations dans le monde entier.

Méditer, parce que la méditation n'a cessé d'être pour l'Abbé Pierre une pratique constante et chérie. Son goût pour l'étude, son amour de la réflexion, son désir de comprendre et le monde et les hommes, sa volonté d'agir l'ont naturellement conduit à la méditation. Méditer pour mettre toutes ses forces vives au service de la réflexion et tenter de circonscrire les dysfonctionnements les plus graves et les plus criants – intimes ou universels. Au cœur de la vie, au cœur de la méditation, il y a également comme une urgence intérieure qui, loin d'être contrainte, devient délice et moyen de se construire : la prière et l'adoration.

Au XVIIe siècle, Blaise Pascal, écrivait :

« Les hommes n'ayant pu guérir la mort, la misère, l'ignorance, ils se sont avisés, pour se rendre heureux, de n'y point penser. »

Désormais, au XXIe siècle, grâce à l'Abbé Pierre, grâce à ses préceptes de vie, nous pouvons, sans risque d'être malheureux, considérer la mort, la misère, l'ignorance ; et nous devons le faire pour que change le monde.

Albine Novarino

1

AIMER

Le vaste sujet de l'amour a de tout temps passionné l'humanité et cela durera probablement jusqu'à cette parousie dont l'Abbé Pierre nous entretient au chapitre 9[1].

Toutefois, une mise au point s'impose d'emblée car les interprétations du terme sont nombreuses et variées. « Le mot amour évoquera pour les uns la prostitution et ses trafics et pour les autres mère Teresa, n'est-ce pas ? Les mots importants ont besoin d'être circonscrits et commentés. »

Dans un désir de transparence, rarissime chez ses pairs, l'Abbé Pierre a courageusement évoqué sa vie privée et les limites du vœu de chasteté, qui ne manque pas de poser problème aux prêtres en particulier et à l'Église en général.

---

1. Voir p. 103.

Cependant, son discours et ses écrits expliquent clairement que l'amour, pour lui, va bien au-delà des relations sentimentales de chacun d'entre nous. L'amour entre deux personnes, si respectable et si merveilleux soit-il, n'est que le pâle reflet d'un sentiment qui doit être éprouvé à un degré bien supérieur et pas toujours facilement : « Quand on me pose la question : “pourquoi venons-nous sur Terre ?”, je réponds simplement pour apprendre à aimer. »

L'amour ainsi considéré atteint une dimension essentielle et s'inscrit dans une perspective divine : « Dire ce que l'on sait… On s'aperçoit quand on veut essayer, que cela se ramène à un très petit nombre de certitudes. Pour moi, il y en a trois : L'Éternel est amour quand même, nous sommes aimés quand même, et nous sommes libres quand même. »

Ainsi compris et vécu, l'amour est le sentiment qui donne un sens à notre vie mais aussi à notre mort parce que « la mort, c'est la rencontre prodigieuse, éblouissante, de l'Infini, de l'Éternel, de l'Amour ».

Qui donc au monde pourrait finalement se concevoir lui-même autrement qu'aimé et aimant ?

Souviens-toi d'aimer !

Devise manuscrite placée dans la chambre de l'Abbé Pierre à Esteville en Normandie.

Vivre, c'est apprendre à aimer.

Avec tout l'argent du monde, on ne fait pas des hommes mais, avec des hommes qui aiment, on fait tout.

Aimer : quand tu souffres, toi, qui que tu sois, j'ai mal. Et toutes mes énergies se lèvent pour, unies aux tiennes, nous guérir ensemble de ton mal devenu le mien, pour ma joie dans ta joie et ta joie dans la mienne, et nos joies ensemble au service de la vie de tous.

Il n'y a qu'une règle pour gagner le paradis : aimer tant qu'on en a la force, c'est tout.

Dieu n'est pas le Tout-Puissant dominateur, c'est le Tout-Puissant captif, captif des libertés qu'il crée à la cime du monde pour que le monde puisse culminer dans l'amour.

Ce n'est pas en tirant l'herbe qu'on fait pousser le blé plus vite. Savoir avec amour patienter, regarder au jour le jour, le petit effort, la lente montée de chacun.

La rencontre avec saint François d'Assise m'a fait découvrir : « Je suis amour » ; l'amour qui fait être plus hors de soi en s'exprimant.

Le seul moyen d'aimer pour de vrai et de sauver, dans le total respect de la dignité de ceux qu'on aime, c'est de se faire l'un des leurs, c'est de se faire proche, assez proche pour avoir vraiment mal de leur mal.

Chaque fois que l'homme nie sa misère et son impuissance et prétend vivre assez, seul, il tue l'amour parce qu'il s'aime.

J'ai, moi, vécu le plaisir mentalement. La joie du plaisir donné. Ces moments rares ont tenu une place considérable dans mon imaginaire. En fait, je n'ai jamais eu de liaison. Être entièrement occupé par les besoins des autres était une dérivation. Ce n'était pas transcendé dans le spirituel, dans l'adoration, mais dans l'action, la compassion : la charité d'amour, la joie donnée, l'arrachement à la misère.

Ce que la Bible apprend, surtout dans le *Nouveau Testament*, c'est que l'Éternel est amour. Nous sommes aimés et nous avons la liberté pour être capables d'entrer dans cette famille, cette communauté d'amour.

Celui qui peut persévérer dans l'amour, un amour vrai, capable de veiller à la joie autant qu'au pain, celui qui peut persévérer dans cet amour ou se convertir pour y revenir, voilà bien la plus essentielle définition de l'homme.

J'ai connu la passion. Je suis tombé amoureux d'un garçon, à l'âge de treize ans, à cause de la beauté de son chant. Il avait une voix de soprano si pure qu'on venait de loin pour l'entendre. Il ne s'agissait pas de tendresse, d'autant que lui n'y comprenait strictement rien. C'était la passion. Une exaltation qui à la fois brûle et glace le cœur. Un amour fou, délirant. À tomber gravement malade. À y penser à chaque instant pendant trois ans.

Jésus a dit que le plus grand amour était de donner sa vie pour autrui… Retenons ceci dans le fond de notre cœur. Soyons prêts sans cesse.

Je pose parfois cette question autour de moi : « Qu'est-ce que c'est, pour toi, aimer ? »

Je suis frappé par la fréquence avec laquelle le verbe aimer est associé au verbe pardonner. Pardonner, c'est le don parfait, au-delà du don. C'est aussi un effort ; et l'amour donne la force de le faire.

L'amitié veut de la gaieté. Le malheureux qui ne sait plus rire a bien peu de chances de l'obtenir. Et, quand il l'obtient, rapidement elle l'abandonne, ne lui apportant qu'une aigreur de plus peut-être.

Amour est l'un de ces mots devant lesquels ou bien on se tait, ou bien il n'existe plus de limites, on peut parler mille ans. Il n'a pas de limites parce que c'est la perfection. C'est « l'être » même de l'Éternel.

À quiconque demande : « Parlez-moi de Dieu », je veux donner cette simple réponse : « Aime, aimer pour de vrai, quand même cela fait mal, quand même tu n'y réussis que si imparfaitement. »

Quand pleurait saint François : « L'amour n'est pas aimé », je découvrais, intuitivement, que toute vérité était là, et le chemin ouvert : Aimer. Et cela nous est possible parce que nous sommes aimés.

C'est dur. Ce soir, je sais que certains me trouvent étrange, ne m'aiment pas. J'ai des idées qu'ils ne comprennent pas. Ils ne m'aiment pas. Et pourtant, moi, je les aime.

Le feu, en se consumant, s'efface et s'éteint. Si l'on compare l'amour au feu, il faut le comparer au feu de la cheminée d'une famille qui a travaillé pendant les mois d'été et pendant les temps morts de l'hiver à couper du bois et à préparer des bûches pour que, à mesure que le feu s'épuisera, on puisse apporter du bois pour le nourrir.

L'amour conjugal, je n'en ai pas fait l'expérience… Il peut être une passion très sincère mais s'il n'y a pas, à mesure que le temps passe, de ces petits riens qui l'entretiennent comme la bonté, la compréhension, l'attention au goût de l'autre, il peut s'éteindre, car trop souvent on croit faire le bonheur de l'être aimé en décidant pour lui ; on ne le respecte pas.

Ma vie, désormais, c'est faire des heures d'amour : heures de méditation, heures de repos, heures d'emploi, heures d'étude, heures d'office, de récréation… toutes heures, heures d'amour.

« Tu aimeras ton prochain, l'autre, comme toi-même ! » Et qu'est-ce que ça voudrait dire, si ce n'est que tu le serviras avant toi tant qu'il est moins heureux que toi ?

Nous sommes six milliards capables d'être amoureux. Mais pas six milliards qui le sont.

La personne est sacrée parce qu'elle est l'être qui est cela, marqué comme nul autre.

Avec l'amitié, il faut que casse, se déchire cette suffisance, réelle ou apparente, que chacun s'évertue à montrer pour se protéger dans les relations avec les autres.

Il n'y a possibilité d'amitié, comme d'amour authentique, que là où il y a pauvreté en esprit, selon la formule évangélique, c'est-à-dire profonde « non-suffisance ».

La vie est un temps donné à des libertés, pour, si tu veux, apprendre à aimer.

Le mot religion signifie « ce qui lie, ce qui relie ». Ensuite, on en fait toutes sortes d'usages, on en abuse. À l'origine, ce mot signifie « ce qui relie en aimant ». On peut penser que cela converge mais, en même temps, on peut croire – et cela je le sens très fort – que cela procède aussi de cet amour infini, et va vers lui à travers ce temps, ce petit temps que l'on appelle la vie, pendant lequel la liberté va faire son choix.

À l'âge de sept ou huit ans, je me suis fait opérer de l'appendicite. Dans la chambre à côté de la mienne, il y avait une fille de mon âge. On s'écrivait de petites lettres que l'infirmière nous transmettait. Le cœur était pris. Ses parents habitaient une propriété jouxtant la nôtre. Au printemps, je portais un bouquet de fleurs que je posais en haut du mur... Ce sont les mystères de la vie et je n'y étais pas insensible.

Aimer, c'est être « plus moi, hors de moi ». L'amour fait extase. Tant qu'il se trouve quelqu'un qui peut donner, rendre un service, l'amour s'exprime.

Je crois que le trait le plus important de mon caractère, mais aussi le plus caché, le moteur le plus fort de toutes mes pensées et de toutes mes actions, mais aussi celui que je m'efforce non pas d'étouffer, mais de dompter, est un cœur avide d'une âme à aimer et d'un cœur qui lui réponde.

Aimer, c'est être plus, non en prenant, mais en allant hors de soi ; donné, et reçu alors au cœur de l'Éternel, alors même que, si souvent douloureusement, l'on sent que l'on n'est jamais, entre humains, ni donné, ni reçu avec l'Absolu dont on a faim.

Oui, aimer, c'est adorer l'Aimant infini... et le venger en voulant se faire assez aimant de tous pour que soit croyable Son amour.

Pour évoquer, ici, en bref, l'essentiel, je dirai : ce qui est l'important, ce qui est le tout de la vie réussie, c'est de venger l'homme, et de venger Dieu, en aimant.

2

RÉAGIR

L'Abbé Pierre a, tout au long de sa vie, multiplié les actions directes et concrètes en faveur des opprimés, des exclus, de ceux qu'il nomme « les cabossés de la vie » ou bien encore « les pauvres bougres ».

Cependant, ses réactions ont précédé et accompagné ses actions. Elles sont encore fréquentes, vives, et le plus souvent efficacement disciplinées : « Je crois que le bon Dieu m'a donné une espèce d'insolence mesurée. Je sens jusqu'à quel point je peux gueuler. Au-delà, je me ferais plaisir, mais ça ne serait pas efficace parce que ceux à qui je m'adresse ne sont pas prêts à en entendre plus. »

Parfois formulées sur un ton sans appel, ses réactions se font condamnations : « Jamais un enfant ne devrait s'entendre dire qu'il n'a pas d'avenir ; jamais aucune femme, aucun homme ne devrait être "de trop". »

Elles sont parfois empreintes de colère : « Je suis furieux quand j'entends dire : “En politique, tout le monde a les mains sales, alors je ne vote pas.” C'est intolérable ; on n'a pas le droit de dire que la défense du bien commun – car c'est ça la politique – c'est malpropre. »

Mais, la plupart du temps, elles se fondent sur des arguments pédagogiquement énoncés et cherchent à solliciter notre réflexion : « Au nom de l'amour et de la justice, nombreux sont ceux qui s'engagent aujourd'hui dans les organisations humanitaires, fiers et heureux de ce qu'ils font, mais résolus à ne pas s'occuper de politique. Pour que tous ne meurent pas en Somalie, une fois acheminée l'aide humanitaire, il va bien falloir des têtes pour se demander avec qui, où et comment mettre en place les institutions qui vont permettre de reconstruire l'avenir de ce peuple ! »

Or Henri Grouès, devenu célèbre sous le nom qu'il avait choisi pendant la Résistance, fut, selon les témoignages de ses frères et sœurs, un enfant facétieux. Et c'est non sans une pointe de cette malice teintée d'humour qu'il pose certaines questions qui ne manquent sans doute pas de faire réagir aussi sa hiérarchie : « Et le vin, symbole de nos pays ? Quel sens peut-il avoir chez les Esquimaux qui n'ont jamais vu une vigne ? Faut-il faire venir du vin de Bordeaux au Groenland ou en Afrique pour y célébrer la messe ? »

L'homme aujourd'hui est condamné à tout savoir.

Ce qui me choque, c'est que notre opinion, qui n'ignore pas les faits de base sur lesquels je raisonne, ait l'étourderie de poser la question : « Que signifie "les nouveaux pauvres" ? », « Qu'est-ce que c'est les "nouveaux pauvres", cette espèce de mode qui surgit tout d'un coup ? » Hélas ! Ce n'est pas une mode, c'est une réalité brutale.

La misère nous assaille, l'égoïsme nous accable, la brutalité sévit partout. Il faut s'insurger, faire face à la sale guerre qui menace de nous anéantir. La pauvreté sape la paix !

Quand les enfants de chez nous rentrent à la maison après leurs jeux, ils crient : « Papa, maman, j'ai faim ! » C'est la joie de vivre, parce qu'ils savent qu'il y a tout le nécessaire dans le placard. Et puis, pour d'autres, des multitudes d'autres, le même mot, exactement le même, signifie le plus horrible, le plus affreux désespoir.

Vous, les nouveaux riches, vous vous cramponnez à un système qui ne tourne pas rond.

Le prophète, c'est la grande gueule, la voix des hommes sans voix, celui qui se dresse entre un pouvoir aveugle et un besoin muet.

L'homme d'aujourd'hui est colossal par l'énormité des responsabilités qui pèsent sur lui, et minuscule devant l'immensité des tâches qui de toute part l'appellent.

Pour le courage de vouloir aller toujours plus de l'avant, aimons nos souvenirs des durs et audacieux débuts du mouvement Emmaüs.

Il ne faut pas oublier cette parole forte de Gandhi : « On nous a fait beaucoup de mal par tout ce qu'on nous a pris pour permettre le développement rapide de l'industrie anglaise. » Mais il ajoutait toujours : « On nous a fait encore tellement plus de mal par le modèle de société qu'on nous a apporté, détruisant des valeurs traditionnelles d'entraide de village. »

Quel que soit le gouvernement demain matin, dans un an, dans deux ans... Quel qu'en soit le responsable, quelque programme que ce soit, plus libéral, plus social, plus collectiviste... Retenez bien, parce qu'il faudra beaucoup y réfléchir : rien ne pourra empêcher que notre pays, et tous les pays comparables au nôtre, ne deviennent pour longtemps des pays condamnés au temps libre. C'est un bouleversement.

Ce temps libre, ou bien il sera une bénédiction ou bien une malédiction. Il sera une malédiction si on le passe à traîner au bistrot, à ne rien faire... On se dégradera et peu à peu viendra la décadence, comme c'est arrivé dans les siècles passés, lorsque l'Empire de Rome s'est effondré, par exemple... Au contraire, il sera une bénédiction, si la vie peut être « réhumanisée ».

Achetons le plus grand terrain possible pour nos cités d'urgence, puisque nous n'avons pas d'argent. Nous créons un désordre contre un ordre, mais quel ordre ?

Il faut que la voix des hommes sans voix empêche les puissants de dormir.

Assez d'indifférence ! C'est la guerre ! La guerre de défense contre la misère qui attaque l'univers total des hommes...

Les hommes politiques ne connaissent la misère que par les statistiques. On ne pleure pas devant les chiffres.

Les vrais violents, les provocateurs de toute violence, c'est vous, privilégiés. Votre privilège, même s'il a été honnêtement acquis – et il est tellement rare, historiquement, que les grands privilèges soient tout à fait honnêtes dans leur origine –, se légitime-t-il en se faisant serviteur des plus faibles, ou bien est-il le privilège abusif qui n'est que pour vous, vos proches, vos intimes ?

Nous sommes tous des privilégiés par rapport à quelques autres, même si nous ne sommes pas parmi les puissants. L'un a plus d'expérience par son âge, l'autre a plus de vigueur par sa jeunesse. Entre frères et sœurs, l'un a plus de force physique, l'autre a plus d'intelligence ; nous sommes tous privilégiés en quelque chose. Interrogeons-nous chaque jour pour nous demander : « Que faisons-nous de notre privilège ? »

Réveillez-vous, la crise économique n'est pas qu'un sale quart d'heure à passer, elle va durer ! Le temps de la croissance et du gaspillage est terminé. Croire que nous vivons une parenthèse est une illusion mortelle. La crise sera longue et elle impose d'autres choix à la vie.

Si vous revenez demander à des travailleurs un permis de construire – impossible avec leur faible salaire –, je vous avertis, je convoque la presse, la radio, le cinéma, je mets mon écharpe de député, mon étole de curé par-dessus, et puis je prends un pot de peinture, j'affiche leurs actes de naissance et j'écris dessus : PERMIS DE VIVRE.

Au sujet de permis de construire que l'administration
refusait d'accorder à des sans-logis.
À la suite de cette réaction de l'Abbé Pierre, ils furent accordés.

Un robot, c'est comme une machine à coudre, ça ne peut faire de faux-points. Mais les directeurs disaient : « Pour travailler sur ces machines, il ne faut embaucher que des gars ayant au moins le niveau du baccalauréat. » Quel pourcentage de la jeunesse d'aujourd'hui peut rêver d'une telle place ?

Il est plus important de construire des logements que des églises.

Je lutte de toutes mes forces pour que les institutions soient refermées, pour que disparaissent les causes de tant de misères. S'il est vrai qu'à droite on prône la bienfaisance uniquement pour refuser les réformes, à gauche pour hâter la révolution finale, vous restez les bras ballants devant les détresses immédiates. Je réponds non à l'un comme à l'autre.

❧

C'est vrai, il y a toujours eu ce que l'on appelait le « manœuvre balai », le type moins doué, qui n'avait pu faire des études ou un apprentissage ; mais, autrefois, il tirait le soufflet du forgeron, il tenait allumé le feu du boulanger… Dans la petite commune, il y avait de la place, même pour le moins dégourdi… Mais on est devenu une société impitoyable qui ne compte que le rendement… et on va être condamné à la nécessité de partager la première de toutes les richesses : le temps d'emploi. Telle est la première richesse : être embauché.

❧

La première règle avant d'agir consiste à se mettre à la place de l'autre. Nulle vraie recherche du bien commun ne sera possible hors de là.

❧

La première tâche de ceux qui veulent agir consiste à lever le voile, montrer à l'opinion ce qu'elle ne veut pas voir.

On ne peut pas, sous prétexte qu'il est impossible de tout faire en un jour, ne rien faire du tout !

De toutes nos tâches, la première est de nous imprégner de la douleur qui nous entoure et de l'imposer à tous pour qu'elle ne soit plus supportable aux heureux autant qu'aux malheureux.

Voici revenir le temps des colères ! Un homme vaut ce que valent ses colères et une civilisation se juge sur le choix qu'elle fait des sujets de colère à inculquer à sa jeunesse.

On m'a dit toute ma vie : « Ce que vous faites est illégal. » J'ai répondu : « Quand ceux qui travaillent ne peuvent pas avoir un toit, ce qui est illégal, c'est la loi. Nos actions ne font qu'anticiper les décrets à venir. La loi ne pourra indéfiniment rester sans réponse aux détresses humaines. »

Le prophète n'a pas à se préparer à gouverner. Il n'est pas quelque leader d'une opposition. Il doit inquiéter aussi bien les oppositions que les pouvoirs en place. Malheur quand les rares forces d'opposition prophétiques deviennent politiciennes.

Qui dira au prince son fait si le prophète lui devient son semblable ?

Gardons au cœur l'impatience de faire. Et l'indignation dans l'action.

Les plus grands malheurs de l'Église viennent de l'ingéniosité avec laquelle les fidèles aisés s'emploient à assurer à leur clergé des conditions de vie suffisamment semblables aux leurs pour qu'ils soient sûrs que des pages entières de l'Évangile ne soient plus jamais lues.

Nous violons l'ordre en bâtissant des maisons sans permis de construire. Nous savons que c'est un délit. Mais de quel délit et de quel ordre s'agit-il ?

Les puissances matérielles les plus gigantesques, celles de l'Amérique proche de nous, commettent des erreurs, amplifiées justement par cette omnipotence, qui deviennent un péril terrifiant si les nations, certes incapables de prétendre à une égalité matérielle ou financière, les nations les plus vieilles, les nations saignées, lassées, les nations comme la nôtre ne prennent pas conscience qu'elles ont une responsabilité à assumer auprès de cette puissance.

Je crois que, en tant qu'IRAM, organisme qui pense l'expérience modeste mais explosive d'Emmaüs, nous devons être ceux qui affirment qu'il n'y a de civilisation qu'à partir du moment où l'homme est considéré dans sa valeur d'homme, et non pas dans sa qualité de puissance, non pas en partant du nombre de ses galons, de ses diplômes, de la quantité d'argent et des richesses qu'il possède.

Une civilisation se définit finalement par la considération qu'elle accorde à l'homme en tant qu'homme.

Ce siècle plus qu'aucun autre, depuis longtemps, attend son saint François d'Assise pour lui rappeler, en actes, que la vie l'emporte sur l'argent, et que l'amour est don avant d'être emprise. Ce n'est qu'alors que reprendront leur sens et que deviendront réalité les mots « joie » et « paix ».

Je crois que ce que je ressens comme le plus grand échec, c'est ce que je n'ai pas eu le courage d'oser. Quand je n'ai pas risqué de me faire taper dessus pour dire : « Cela ne va pas ! » Remarquez… il est encore temps.

Tous les grands problèmes, à l'échelle planétaire, finalement, reviennent à cela : il faut vouloir savoir. Premièrement, en étant compétents ; deuxièmement, en connaissant les réalités du monde. Cette humanité, aujourd'hui pour la première fois une, solidaire, l'impose. Il faut s'y confronter.

En continuant d'imposer le célibat aux prêtres, l'Église commet une grave erreur. Outre le fait qu'elle se prive de nombreuses vocations réelles et indispensables, elle invoque une règle qui n'est ni constante dans l'Histoire ni même dans l'Évangile.

Dans les textes sacrés de Matthieu (VIII 14), Marc (I 19) et Luc (IV 28), on peut lire : « La belle-mère de Pierre, au lit, avait la fièvre. » Saint Pierre était donc marié…

La vie, notre vie, celle de la société, celle que nous vivons… mais si nous la voyions un instant, un seul, telle qu'elle est, et si nous avions un peu de bon sens, nous serions ahuris. Ça ne tient pas debout.

Oh ! Rompre, rompre, partir, vivre seul. Dans la pensée, enfin, dans une vie sincère véritable, une solitude sur la terre, loin de ces agglomérations ineptes où la bêtise des hommes a fait s'entasser dans des vies lamentablement laides ceux pour qui Dieu avait fait la splendeur du monde, splendeurs que l'homme, s'il ne les a pas anéanties, a filmées puis truquées, mécanisées, industrialisées, rendues odieuses.

L'ami d'Emmaüs, devant toute humaine souffrance, selon qu'il le peut, décide de s'employer, non seulement à la soulager sans retard, mais encore à en détruire les causes.

Ne valait-il pas mieux les voir vivre illégalement que de les voir mourir légalement ?

Lors d'un soutien à des sans-logis.

La première mission de ceux qui veulent combattre toutes les formes de misère, c'est de la faire voir.

Si c'était la fille d'un politicien qui devait ce soir dormir dehors ou dans une seule pièce avec lui, sa femme, ses six gosses, il se mobiliserait immédiatement. Sortez des assemblées et allez voir la misère.

Il faut souffrir du mal des autres pour agir.

L'humanité a un choix à faire, un choix qu'elle pratique quotidiennement. Tantôt atténuant le mal, tantôt s'y laissant entraîner. Nous devons agir en faisant, chacun à la mesure de nos forces, ce que nous pouvons pour que le choix de la sagesse ait lieu le plus tôt possible et pour le plus grand nombre.

Je déteste ceux qui, comme Jean-Marie Le Pen, propagent la xénophobie, le « chacun pour soi ». Une telle notion est une stupidité car, quoi qu'il arrive, des transferts de population se feront, à cause des déséquilibres mondiaux existants. Si nous voulons éviter ces transferts, l'un des enjeux de notre temps est de rendre chaque terre de chaque pays la plus fertile et la plus productive possibles, afin d'éviter les envois de nourriture en masse qui tuent les petits producteurs locaux.

L'Europe est en train de se faire. Ce sera la première force économique dans le monde. Mais une force pour faire quoi ? Si c'est pour renforcer l'injustice, s'il n'y a pas de juste partage, si ce n'est pas pour soulager le plus souffrant, alors c'est une malédiction.

Mais on dit toujours, et cela me fait hurler : « Pas de logements pauvres pour les pauvres, en réalité, cela veut dire, pas de logements pour les pauvres. »

Mon angoisse, c'est la conviction, la prescience que l'humanité va inéluctablement à sa perte si elle ne se remet pas en question, si elle ne retrouve pas d'urgence le sens de l'Éternel, et son corollaire : l'exigence de l'Amour.

3

PARTAGER

« Que l'urgence soit au partage » est une des phrases-clé de l'Abbé Pierre depuis un certain hiver 1954, au cours duquel il déclencha la fameuse insurrection de la bonté. Or si tout le monde s'accorde sur cette idée vieille comme le monde, il arrive trop souvent qu'elle reste dans l'abstraction : « Ouvrons grands les yeux. Comme elle est détestable, cette étroitesse du regard que nous portons sur les problèmes quand ils ne sont pas les nôtres ! Quand, dans le monde, des hommes meurent encore de faim, quand, en France, des hommes meurent encore de froid, je crie à ceux qui nous gouvernent : "Vous êtes coupables de non-assistance à personnes en danger !" Et nous, l'opinion publique, nous sommes complices. »

Et c'est à cause de cette absence de partage effectif qu'il ne cesse de dénoncer, que l'Abbé Pierre établit un distinguo qui lui tient à cœur :

« L'injustice, ce n'est pas l'inégalité, c'est le non-partage. »

La misère n'est pas une fatalité. Elle vient de nous, de notre absurdité, de notre incapacité de penser le partage.

On sera contraint – quel que soit le gouvernement – d'arriver à un partage afin que puissent travailler tous ceux qui en ont la capacité.

La pauvreté dans le sens évangélique, c'est la condition nécessaire pour être homme, c'est refuser d'être heureux sans les autres : la pauvreté du cœur. Je pense que bien souvent, dans cette équivoque, qui assimile pauvreté et misère, on éteint la lumière qui nous a été portée par l'Esprit, dans les Béatitudes.

On n'est jamais heureux que dans le bonheur qu'on donne. Donner, c'est recevoir.

Jamais nous n'accepterons que notre subsistance dépende d'autre chose que de notre travail.

Quand on voit, dans une même émission de télévision, des paysans français – qui pourtant ne sont pas des méchants – jeter leur blé devant une préfecture, et des enfants de Somalie devenus cadavres vivants... On doute de l'intelligence humaine.

Mon message ? Il n'y en a qu'un, je crois, qui est un cri : « Partagez ! Donnez ! Tendez la main aux autres ! Gardez toujours un carreau cassé dans vos univers bien feutrés pour entendre les plaintes qui viennent de l'extérieur. »

Il n'est pas question de partager la souffrance d'une façon masochiste ; c'est une démarche en vue de joie. Et c'est la fonction de la liberté. La liberté ne se sauvegarde que pour cela, car sinon elle est captive.

La parole : « Il y a toujours des pauvres parmi nous » va peut-être bientôt prendre un sens nouveau, nous faisant voir que, sans doute, il y aura toujours des pauvres sur la terre, mais que l'heure approche où, du fait de la mondialisation de l'économie et de l'essor de l'Asie, ce ne seront pas toujours les mêmes qui seront les pauvres, les ruinés, les écrasés.

Robert Buron disait ce mot : « La politique, c'est rendre possible ce qui est nécessaire. » Moi, je dis : « La politique, c'est savoir à qui on prend du fric pour le donner à qui. Toute la politique se ramène à ça. Comment effectuer le partage et faire la justice. »

Il faut le redire une fois encore, c'est la misère qui va juger et arbitrer les destins de la terre, comme c'est elle qui, lorsque nous paraîtrons devant Dieu, nous jugera. Car notre foi nous l'affirme, à cette heure-là, le Seigneur dira à chacun de nous : « J'ai eu faim, j'ai eu froid. Où que tu aies vécu, en quelque siècle que tu aies vécu, ceux qui avaient faim, ceux qui avaient froid et qui pleuraient à côté de toi, c'était moi. »

L'amitié, cela qui vient au cœur quand on fait ensemble les choses belles et difficiles.

Aujourd'hui, plus que jamais, la fraternité doit s'étendre au-delà de la famille, du clan ou de la nation. La fraternité humaine est universelle. À l'heure où, pour la première fois dans l'histoire de l'humanité, la Terre devient un village, nous sommes condamnés, appelés à de nouveaux partages.

Face au vide créé par l'effondrement de toutes les anciennes valeurs, nous sommes à une époque charnière. D'un côté, une crise sociale, morale, spirituelle surtout, sans précédent ; des foules devenues religieusement analphabètes et qui, humainement, se dégradent au rythme des violences banalisées, des folies et des absurdités quotidiennes. De l'autre côté, des transformations si rapides et si radicales qu'elles peuvent, par un effet de choc, salutaire, favoriser avant qu'il ne soit trop tard un ultime sursaut du cœur et de la raison, et provoquer cette métamorphose en profondeur de l'homme, que je résumerai ainsi : « Être plus par le juste partage, au lieu d'avoir plus. »

En aménageant l'architecture de nos églises dont beaucoup sont chauffées, dont, hélas, un très grand nombre sont vides, on pourrait avoir un lieu d'accueil de jour pour ceux qui sont dans les asiles de nuit. C'est une des urgences les plus pressantes.

La loi évangélique est aussi la loi essentielle de la vie sociale. Elle dit : « Je ne suis pas un homme heureux si j'accepte d'être tranquillement heureux alors que d'autres sont dans le malheur. »

Dans vingt-cinq ans, dans trente ans, la population du Maroc, de l'Algérie et de la Tunisie aura triplé. Et ce n'est pas vrai que, sur les terres arides sans fleuve du Maghreb, les populations se tiendront tranquilles si elles savent, par les informations quotidiennes, que l'Europe, qui possède le sol le plus fertile du monde, le laisse en friche et va repeupler en forêt les terres cultivables.

Le partage, ce n'est pas de prendre 10 francs dans sa poche et de les donner à un pauvre qui en a plus besoin que vous. Le partage, c'est simplement être honnête. C'est peu demander. Et c'est déjà beaucoup.

Nous sommes aujourd'hui contraints au partage. Ce n'est pas une mode, c'est une réalité brutale comme celle du chômage et de la pauvreté. Nous serons, demain, obligés à une redistribution du temps de travail et du revenu du travail.

4

AIDER

S'il y a l'urgence du partage (celui du travail, celui des richesses), il y a dans le même temps l'urgence de l'aide, d'autant qu'« il y a eu les grandes crises du pétrole, le chômage. Bref, aujourd'hui on est coincé. Les situations désastreuses se multiplient, dont beaucoup sont sans espérance ».

Mais aider est loin d'être simple et celui qui s'engage dans la voie de l'altruisme et de la solidarité n'est jamais à l'abri du découragement : « Depuis l'enfance, je ressens la douleur du manque de ce que je ne peux pas faire pour ceux qui en ont besoin. Sur la plage de Copacabana, au pied des collines des favelas où s'entassent, misérables, des milliers de familles démunies de tout, j'étais malheureux de voir que, quoi que je fasse, je ne réussirais jamais à en faire assez. »

De plus, malgré l'urgence, pour aider autrui avec succès, il faut commencer par s'aider soi-même, en organisant soigneusement sa propre vie, sans jamais désespérer ni de soi ni des autres. Il faut cultiver l'art difficile et remarquable de tenir ses engagements et se garder de ne jamais insulter l'avenir et rester pleinement conscient de la difficulté d'une telle démarche : « Les repères d'une vie, ne les trouve-t-on pas à force de chercher son chemin ? »

Tu es horriblement malheureux. Et moi je ne peux rien te donner. Mais puisque toi tu veux mourir, tu n'as rien qui t'embarrasse. Alors, est-ce que toi, tu ne voudrais pas me donner ton aide pour aider les autres ?

Paroles de l'Abbé Pierre à Georges alors qu'il était au bord du suicide ;
Georges devint le premier compagnon d'Emmaüs.

L'univers de l'homme est de toute part cerné de responsabilités, et c'est sa noblesse. Nous sommes tous responsables. Responsables de nous-mêmes et responsables les uns des autres.

C'est une des missions de ce mouvement (Emmaüs) : mettre en lumière que le seul véritable don est celui qui consiste à mettre « l'autre » dans les moyens et dans la volonté de lui-même être donateur.

Ce qu'il faut revendiquer, ce n'est pas l'égalité, qui est illusoire. De la naissance à la mort il y a inégalité : quand l'enfant naît, le père et la mère sont forts et il est faible ; et quand il sera devenu fort, ses parents seront devenus faibles. Ce qui est nécessaire à la vie même, c'est la solidarité.

La responsabilité de chacun implique deux actes : vouloir savoir et oser dire.

Ce que veulent ceux qui n'ont pas de toit ! Pas d'aumône, pas la pitié ni la charité. Ils veulent un bail et une clé.

Tous ceux qui protestent contre le phénomène des squatters sont aussi imbéciles que quelqu'un qui voudrait à tout prix mettre 60 litres de pinard dans une bombonne qui n'en contient que 50. Eh bien, ça coule à côté ! Et tant qu'on n'apportera pas une seconde bombonne, ça continuera de cracher...

Un sourire coûte moins cher que l'électricité... et donne autant de lumière.

Credo de l'Abbé Pierre affiché à Esteville.

Le plus important, ce n'est pas de donner 10 francs dans la rue. C'est de regarder celui qui souffre avec un sourire. Pour qu'il voie qu'on l'a vu, lui qui est invisible.

Notre premier moyen : partout où cela est possible, est le travail de récupération, qui permet de redonner valeur à tout objet, et de multiplier les possibilités d'actions d'urgence, au secours des plus souffrants.

Quand il faut protéger les faibles, comment faire sans parfois faire mal ? Après, tant qu'on peut, il faut tenter de retrouver celui que l'on n'a pas pu ne pas faire souffrir. Bien des fois, et c'est merveilleux, il dit : « Tu devais faire cela. » Et tout revit.

La maladie la plus constante et la plus mortelle, mais aussi la plus méconnue de toute société, est l'indifférence, puis, bien vite, l'ignorance à l'égard du sort des moins forts de ses membres. Là naissent les fièvres les plus dévastatrices.

La vraie charité ne consiste pas à pleurer ou simplement à donner, mais à agir contre l'injustice.

Pas de paternalisme. Il ne s'agit pas uniquement de donner de quoi vivre, mais de rendre aux malheureux des raisons de vivre.

L'aide humanitaire, c'est agir et témoigner. D'abord, une affaire d'homme à homme, de femme à enfant perdu, de jeune à vieillard isolé, de retraité à chômeur désespéré. D'humain à humain…

Emmaüs, c'est un peu la brouette, les pelles et les pioches avant les bannières. Une espèce de carburant social à base de récupération d'hommes broyés. Tout le mouvement réside dans cette idée : on est sauvé lorsqu'on est devenu sauveur.

Quand tu jettes le bout de ferraille, tu jettes l'homme ! Quand tu récupères le bout de ferraille, tu crois en l'homme qui l'a extrait de la gadoue.

5

ÊTRE LUCIDE

On se souvient de l'exergue du Petit Prince, d'Antoine de Saint-Exupéry, autre Lyonnais d'exception : « Toutes les grandes personnes ont d'abord été des enfants mais très peu d'entre elles s'en souviennent. » Étonnamment peut-être, l'Abbé Pierre, lui-même, ne s'est jamais départi de son âme d'enfant : « Quand on est petit, il y a nous, les gosses, et les grandes personnes. Très, très, très profondément, je n'ai jamais perçu que j'étais passé du côté des grandes personnes. »

Pour autant, sa lucidité concernant l'humanité et le monde est totale. Elle est étayée par son expérience concrète et par la réflexion qu'il a su en tirer. Dans cet extrait, parfaitement emblématique de son *Testament*, elle circonscrit le domaine dans lequel notre lucidité doit le plus urgemment s'exercer et adopte le ton de l'exhortation qu'induit toute prise de conscience : « Pour la première fois dans l'histoire de l'humanité, on ne se sauvera pas les uns sans les autres. L'humanité, c'est une tribu qui doit traverser un désert, conquérir plus qu'un continent : la Terre. On ne peut laisser massacrer les plus faibles. [...] Nous avons à réinventer le visage de la Terre, avec une place pour chacun, depuis le plus doué jusqu'au minus. »

Cette lucidité s'exerce en direction de la science : « Excepté le bêta plein de suffisance parce que plein d'ignorance, l'homme n'attend plus désormais de la science qu'elle lui dise tout. Notre orgueil a été battu en brèche et, grâce à cela, nous redécouvrons l'inconnu. »

Elle considère aussi notre idée de la vieillesse : « Et que serait une humanité où l'on ne mourrait plus ? Une humanité où il n'y aurait plus de place pour les naissances ? [...] C'est absurde ; plus de morts, plus de naissances, toujours les mêmes voisins, et sans espérance de changement ! »

Quelle est la société de laquelle on admettrait que, recevant de l'argent, elle ne présente jamais à personne l'état de son budget ? Il faudra qu'un de ces quatre matins, on nous présente le vrai budget de l'Église.

Avec les compagnons, au début, on travaillait le dimanche. Je disais que, quand les gens n'ont pas de maison, le problème n'est pas de leur dire d'aller à la messe, mais de construire une maison.

Le prophète n'est pas quelqu'un qui prédit l'avenir. Selon l'étymologie grecque, c'est celui qui « parle pour », qui « parle en face », qui « parle sur »... Pour bien comprendre son rôle, il faut avoir pris conscience que l'accident de travail normal dans la profession, c'est de se faire couper la tête.

S'il y a quelque chose qui, pour le peuple, est plus précieux que le pain, c'est sa liberté. Pourtant, il y a quelque chose qui, à certaines heures, est plus précieux encore, c'est le goût de vivre, un minimum de raisons de vivre…

J'en ai assez de ces gens qui piquent avec une punaise une photo de l'Abbé Pierre au-dessus de leur lit. Le matin, au réveil, ils versent une larme en la regardant, et ils croient qu'ils ont beaucoup travaillé. On n'a pas agi parce qu'on a pleuré.

Pour celui qui est né pauvre, il y a un certain romantisme de la pauvreté qui peut être exaspérant. Pour mon compagnon de noviciat, j'incarnais en quelque sorte ce romantisme exaspérant de naïveté.

L'homme a une âme ; mais avant de lui en parler, qu'on mette une chemise et un toit au-dessus de cette âme. Après, on lui explique ce qu'il y a dedans.

Rien ne vaut que se souvenir de la parole de notre poète Péguy : « Est-ce qu'il n'arrive pas souvent que la détresse des fils de bâtisseurs de cathédrales soit de n'avoir plus d'autre destin que d'en être les sacristains ? »

Tout est si bien organisé chez vous que la jeunesse naît avec cette impression de n'avoir plus rien à faire, de n'avoir qu'à entretenir l'admirable réalisation, l'admirable cathédrale sociale édifiée par « papa-maman ». Il est fatal alors qu'un jour ou l'autre les jeunes ramassent des cailloux pour les jeter dans les vitraux, pour faire quelque chose, pour que ça change.

Mais ce n'est pas vrai que la jeunesse est contestataire, ce n'est pas elle qui est contestataire, c'est l'époque ; ce ne sont pas les jeunes qui créent cette contestation ; ils en reçoivent le choc. Ils viennent dans la vie en un temps où, soudain, tout se trouve remis en question, où toutes nos connaissances ont d'autres dimensions, où nous n'avons pas de réponses à nos questions.

Tous ceux qui sont au chômage savent l'humiliation d'aller à la caisse, toucher de l'argent et ne rien faire. C'est épouvantable. C'est la destruction d'un homme.

J'ai la certitude que la crise sera longue. Quand les hommes politiques, depuis un extrême jusqu'à l'autre extrême, s'expriment en proclamant : « Votez pour mon programme, votez pour mon candidat et très vite la crise, l'austérité, on n'en parlera plus »... ils se moquent du monde, car ce n'est pas vrai que la crise peut être brève ; elle prendra des formes diverses mais elle durera forcément longtemps.

Malheureusement, au sein de l'Église, la place de la femme a trop souvent été celle de « la bonne du curé ». Ce n'est pas normal ! Où lit-on dans l'Évangile que le sacrement de l'ordre devait être réservé à l'homme ? Il y est écrit que les douze apôtres étaient là le jeudi saint. On ne précise pas si Marie était là ; rien ne dit qu'elle n'y était pas ! Et l'Église, à l'époque, était forcément captive des mœurs de la société de son temps.

La faiblesse de la démocratie, c'est également aux heures difficiles de ne pouvoir prendre des décisions qui font mal à tout le monde. Car, pour être élu, le candidat est contraint de taire les décisions impopulaires qu'il faudra prendre demain.

La transition va être horriblement difficile techniquement, économiquement et moralement. La mondialisation n'est pas sans contre parties négatives. On le voit avec l'augmentation de l'exploitation des enfants et des femmes par des personnages sans scrupule qui n'ont aucun respect de l'humain.

Mais sans doute, un jour, ces travailleurs qui nous concurrencent en acceptant d'être mal payés sauront se mettre en grève et une compensation interviendra si bien que l'objet produit à Singapour deviendra aussi cher que s'il était fabriqué à Paris.

Depuis bien des années, j'ai une immense pitié pour tous les évêques, et plus encore pour le pape. Porter ces charges dans les temps que nous vivons, ce doit être, humainement parlant, épouvantable.

Je n'ai pas été et ne suis pas moi-même objecteur de conscience. Très rares, à ma connaissance, sont ceux qui méritent pleinement d'être considérés comme tels, c'est-à-dire ceux qui, face à ce qui brime un autre, sont prêts à engager tout leur être pour dire à l'oppresseur : « Tu peux me tuer, mais je t'empêcherai tant que je vivrai de continuer ton injustice. »

Socrate, Bouddha, Épictète, Jésus et bien d'autres ont ainsi cherché à réveiller l'homme de sa torpeur, à lui faire quitter l'illusion ; à l'éveiller à la nécessité du salut.

Mais il y a aussi des éveilleurs de l'absurde, des maîtres de la désespérance. Je pense notamment à Sartre. Dans *Les Mots*, il reconnaît qu'il a passé sa vie à agencer des mots qui ne laissent pas de trace.

Devant le malheur qu'entraîne la montée du chômage, il va falloir s'atteler simultanément à deux tâches : celle qui a trait à l'automatisation (afin de produire mieux et plus sans écraser l'homme) et celle qui a trait au temps libre. Faute de quoi, les oisifs se révolteront et casseront l'usine. D'ailleurs il ne faudrait pas employer ce mot d'oisifs ; mieux vaudrait parler d'« humanité disponible ».

Je pense que, théologiquement, il n'y a pas d'arguments contre l'accès des femmes au sacrement de l'ordre, si ce n'est ceux de la convenance.

La femme dans l'Église est doublement exclue, car elle l'est aussi par la règle du célibat sacerdotal. À cause de cela, je ressens l'Église comme mutilée.

Une société qui ne prépare pas sa jeunesse à quelque grand sacrifice pour la poursuite d'une valable création ne doit pas s'étonner si ceux, parmi ses fils, qui n'ont pas la force de retrouver seuls les vrais chemins finissent par jeter les pierres… et bafouer les gloires vieillies.

Longtemps, beaucoup des habitants des pays industrialisés ont vécu avec l'impression rassurante que la misère et la faim étaient des accidents de plus en plus rares, reculant devant lois sociales et bienfaisances privées. Brutalement, deux faits forcent à voir : la multiplication des moyens d'information et la science nouvelle des dangers biologiques mondiaux.

Personne n'ignore plus que la famine peut envahir la terre par la faute des hommes, détruisant les forêts, souillant air et eaux.

Toutes les sociétés s'appliquent à faire que ceux qui sont hors des grandes misères ne se connaissent bientôt qu'entre eux, ignorant la condition du plus grand nombre des autres.

L'État ne peut pas tout. On aura beau faire les lois les plus parfaites, il y aura toujours des gens à la dérive, et il faudra toujours des fantassins.

Il faut à tout prix qu'il y ait une réelle considération pour l'instituteur. Il finit par être le pouilleux du patelin.

On ne possède pas un bien parce que l'on est capable d'en jouir mais si l'on est capable de le donner.

Qui ne sait en jouir et ne sait le donner en est non le possesseur mais le possédé.

Il y a sur terre, hélas, plus de possédés que de possesseurs.

Avec tout l'argent du monde, on ne fait pas des hommes, on les dégrade ; mais avec des hommes qui se donnent eux-mêmes, on fait tout, y compris l'argent, utile, dès lors qu'il n'est plus maître mais serviteur…

Tout pouvoir est aveugle aussitôt qu'il est assez haut pour avoir de grands moyens. Il est alors trop loin de la connaissance réelle de la peine populaire.

Vous avez bâti un monde où la multitude ne peut aspirer au bonheur. Que dis-je au bonheur ? Elle ne peut aspirer au minimum vital, au minimum d'un logement.

Être raciste, c'est se tromper de colère.

Il ne faut pas se cacher la vérité : aujourd'hui, dans toute la cordillère des Andes, que je connais bien, combien sont les prêtres qui vivent le célibat ? Quand la femme du prêtre passe dans la rue, personne ne se scandalise, au contraire, on la respecte. Les évêques d'Amérique latine sont au courant et ont depuis longtemps renoncé à ce que les actes soient conformes aux enseignements pontificaux.

Aujourd'hui, les communautés réclament des prêtres et – à l'inverse des temps anciens – accepteraient tout à fait qu'ils soient des prêtres mariés.

C'est une certitude que quiconque (donc chacun de nous autant que n'importe quel autre), à mesure que par l'étape, l'effort ou quelque chance, atteint à plus de sécurité, de culture, de compétence ou de force, se trouve entraîné à s'éloigner, et bientôt à ne plus connaître que de façon quasi abstraite ceux (multitudes innombrables) qui sont hors de tels avantages et qui ont pour condition de leur existence entière une véritable agonie, allant souvent jusqu'à l'horreur indescriptible.

Rares sont les « parvenus » qui ne sont pas des fuyards.

C'est inévitable que l'étudiant originaire d'un pays – à moins qu'il ne soit un héros, presque un saint – ait la tentation de continuer la politique coloniale, c'est-à-dire : non plus un Blanc qui va faire suer un Noir pour s'enrichir, mais un du pays, un autochtone qui continuera la folie de la politique coloniale : les monocultures.

On sera donc obligé à une redistribution du temps de travail et du revenu du travail. Ce sera difficile. Il y aura des combats, il y aura des luttes, il faudra chercher des solutions.

La beauté d'une ville, la beauté d'une nation, elle n'est pas dans ses jardins, dans ses théâtres, dans ses musées, ni même dans ses cathédrales. Elle est de ne pas avoir de taudis. Elle est de ne pas avoir de désespérés.

Dieu sait si les discours du pape sont fervents et solides en doctrine, mais il y a bien des fois où il n'est pas dans le coup. Je suis prêt à lui faire des faux papiers et une fausse barbe pour qu'il vienne incognito passer huit jours dans un des bidonvilles de São Paulo. On y croise la détresse, des millions de désespérés, des jeunes filles de quatorze ans, enceintes, qui dorment avec vingt autres personnes dans une cabane. Elles ne sauraient pas dire de qui est l'enfant qu'elles portent et seront incapables de l'élever. Et il faut aller leur dire l'abstinence et la continence... C'est criminel.

Aujourd'hui, l'homme se trouve accablé en voyant l'accumulation des malheurs qui ont été répandus à travers le monde au long des siècles et qu'aujourd'hui, tout le monde connaît.

Alors, aujourd'hui, ceux qui souffraient déjà sans doute depuis toujours se trouvent « conscientisés », comme on dit désormais, plus hommes, comprenant à leur tour la réalité de la terre entière, ont commencé à « souffrir de souffrir ». Ce n'est plus du tout pareil, c'est comme de l'eau qui devient de la vapeur. Essayez de la toucher de la même manière ! Alors, comment nous étonner que, tantôt ici, tantôt là, explose la violence interminable.

Quand on s'indigne, il convient de se demander si l'on est digne.

Pour être crédible, le croyant ne doit pas être un « croyant tout court », mais un « croyant quand même », c'est-à-dire les yeux grands ouverts, face aux réalités qui interpellent les hommes et les blessent.

Saint François était aussi « un gosse de riche ». Alors ce n'est pas étonnant si, souvent, dans les ordres de saint François, la pauvreté professée, voulue, vécue, c'est la pauvreté à la manière de celui qui n'est pas né pauvre.

Emmaüs est un reproche constant à ceux qui vivent trop bien. Ce reproche a divisé la classe possédante. Pour ceux qui ne veulent pas de la vérité, il n'y a qu'un moyen : faire taire Emmaüs.

Toutes les révoltes se lèvent au nom des droits violés. Toutes aboutissent à violer des droits. Toute l'histoire des « hommes illustres », de quoi est-elle faite d'autre que de l'exaltation du gagnant, de celui qui a eu « le génie » de cogner plus vite, plus fort, plus inexpiablement, fondant sur son muscle les droits à venir ?

Ce hameau de détresse est à l'honneur de ceux qui, par leur travail ou leurs dons, ont permis de l'établir, et à la honte d'une société qui n'est pas capable de loger dignement ses travailleurs.

Inscription sur le panneau placé à l'entrée du camp de l'Abbé Pierre, à Noisy-le-Grand, en 1954.

Désormais, les pauvres savent comment vivent les privilégiés. [...] De ce savoir-là naîtra une révolte qui peut, un jour, tout faire basculer.

Nous vivons tous avec un certain masque. Nous nous le forgeons pour nous protéger dans les relations sociales. Même entre deux époux, entre deux amis qui s'aiment profondément, c'est une souffrance de savoir qu'il existe quelque chose d'incommunicable.

Il y a un lâche, un traître et un fuyard bien fort établis en chacun de nous, et que jamais nous n'avons totalement vaincus. Un fond de vice auquel jamais nous n'avons loyalement entièrement renoncé.

Chacun ne peut pas tout.

Oui, partout autour des lieux où passe le meurtre, il ne reste de pires victimes que les tués, et parmi les survivants, il en est qui, plus qu'aucun autre, se dressent, terribles dans leur faiblesse, accablants dans leur absolue innocence, ceux qui à eux seuls gardent à l'univers une raison d'être, ceux qui à eux seuls font de l'univers le jardin du trésor : les enfants.

Ils n'ont rien fait, eux. Et tout les a frappés.

Les Noirs et les Maghrébins qu'on accuse de nous envahir, on a été les chercher en 1914 pour nous défendre. On a été les rechercher en 1939-1940 et ils se sont battus avec courage. Qu'on rappelle que, si nous sommes libres, c'est parce que beaucoup d'entre eux ont donné leur vie. Plus tard, on a été les rechercher par charters entiers pour déblayer nos ruines. Et l'on s'étonne qu'après les avoir colonisés et utilisés, ils se soient implantés ? L'oubli est un déshonneur.

Il ne faut pas attendre d'être parfait pour commencer quelque chose de bien.

6

SERVIR

Mettre sa vie tout entière au service des autres, en commençant par ceux qui souffrent le plus, est l'un des credo de l'Abbé Pierre. C'est l'esprit qu'il a insufflé à ses compagnons ainsi qu'aux amis des compagnons.

Cette haute ambition procure des joies, celle du devoir accompli, notamment. Mais l'immensité de la tâche peut générer de la souffrance : « Chaque jour je ressens la blessure humiliante de ce que je n'ai pas pu faire pour ceux auxquels on ne peut pas dire notre mot de joie : "Entre, on t'attendait." »

Cette souffrance est, du reste, le lot commun de toutes celles et de tous ceux qui se sont donné pour mission de servir autrui, comme en atteste cette forte et émouvante confidence : « Faire son métier d'homme, c'est à certains moments prendre le risque de s'exposer, d'être en partie dépossédé de soi-même par les détresses qui nous entourent.

Beaucoup d'hommes et de femmes prennent ce risque pour servir les autres. »

Servir avant soi qui est moins heureux que soi. Servir en premier le plus souffrant.

L'amour ? C'est une passion violente : la passion de la communion qui, tout entière, exige le service, avant soi, de quiconque souffre plus que soi.

Le pouvoir est fait, non pour servir le pouvoir des heureux mais pour la délivrance de ceux qui souffrent injustement.

Le but de notre travail est de secourir quiconque est dans la détresse, plus particulièrement les sans-logis de chez nous, et de servir ainsi une paix véritable.

Mon rôle est celui d'animateur international ; je m'applique à visiter les communautés lointaines pour que la relève se fasse sans problème lorsque je partirai pour « les grandes vacances ». Il s'agit bien davantage de communiquer des raisons de vivre que de donner de quoi vivre ! Et je constate avec joie dans la jeunesse une évidente volonté de service et de dépouillement.

Il n'y a que deux lois qui régissent les sociétés. La loi de haine et de mort qui s'attache à servir en premier le plus puissant. Et la loi de paix et de vie qui veut servir en premier le plus souffrant.

J'ai voué le meilleur et le tout de mon cœur à tous les vagabonds du monde. Le vagabond, le bougre, il n'y a bien que celui-là qui a gardé sa noblesse. Il faut passer la vie en vagabondant.

L'école n'est pas faite seulement pour enseigner ce que sont les choses mais pour ouvrir les esprits à la connaissance de ce qui est notre être commun d'hommes. Elle doit ouvrir les cœurs aux faims et aux soifs de justice, à la volonté de servir premiers les plus souffrants, à ce qu'il faut appeler les colères de l'amour.

Le racisme nous habite tous. Mais quand l'autre, l'étranger, est pauvre, la relation avec lui est encore plus difficile. Il y a trop de souffrances, sourdes mais tragiques, sur ces visages si las.

Que de fois n'entend-on pas : « Que font-ils là ? Qu'ils retournent chez eux ! » Ce qu'ils font là ? Ils nous permettent tout simplement de disposer de tout ce qui nous enorgueillit. [...] Ils ne sont nullement des saints plus parfaits que le reste des hommes mais ils donnent au moins cet exemple-là, pour l'immense majorité d'entre eux, l'exemple du farouche accomplissement du premier des devoirs : mettre ses forces au service de tout le groupe des plus faibles, qui est leur parenté.

C'est une certitude que nous ne pouvons jamais être réellement heureux que dans le bonheur des autres ! Et que la joie intérieure de chaque communauté d'humains n'existe, ne grandit et ne dure que dans l'effort accompli ensemble pour « porter les fardeaux les uns des autres », soucieux tous du bonheur de tous, c'est-à-dire tenant sans cesse nos regards portés d'abord vers le service premier des plus faibles ou plus souffrants.

Les compagnons d'Emmaüs sont chiffonniers et récupérateurs de notre société d'abondance et de gaspillage (un peu trop considérés comme des éboueurs). Voilà pour leur image de marque que connaît le public. Mais pourtant, ces hommes sont autre chose : communautaires, c'est-à-dire ayant choisi de vivre ensemble. Leur travail n'est qu'un moyen afin de servir en premier les plus souffrants.

7

ÉCOUTER

Être à l'écoute de tous, c'est d'abord s'efforcer de multiplier les rencontres. Essentielle, l'écoute d'autrui (et les échanges qui s'ensuivent) permet aussi à chacun de se connaître mieux soi-même, voire de découvrir son identité fondamentale : « Les personnes que j'ai rencontrées dans ma vie n'ont jamais été pour moi des modèles. Mais elles m'ont éclairé sur les différentes facettes de ma personnalité et m'ont forcé à moins me disperser, à me rassembler. Elles m'ont façonné à la manière du coup de pouce sur la pâte à modeler. »

L'écoute se révèle aussi infiniment fructueuse puisqu'elle offre l'espérance : « Les rencontres peuvent être heureuses ou malheureuses mais nous n'existons qu'en relation. Il me semble pouvoir affirmer que cette espérance-là existe pour chacun, qu'il soit croyant ou non. »

Cette écoute doit dépasser les limites du cercle des proches et, mondialisation oblige, chacun doit se placer en situation de communiquer avec le monde entier : « Ceux que l'on croyait pouvoir ignorer sont comme une ombre qui pèse sur tout. Devant cet écroulement des illusions, nous sommes condamnés à la coopération, à la négociation ; nous sommes condamnés à regarder dans sa totalité ce globe humain désormais si rapetissé. »

J'ai peu connu de suicidés dans ma longue vie. Mais, à chaque fois, bien que ce ne soient pas des proches et que je ne puisse rien, j'ai eu mauvaise conscience. Comme si l'humanité avait manqué de chaleur et n'avait pas su être là au moment où il l'aurait fallu.

Il n'y a plus le confident qui équilibrait, de manière naturelle, la famille. Et les parents sont tellement fatigués, énervés que les enfants ne peuvent plus être écoutés, à l'âge où ils auraient le plus besoin de parler.

Combien ai-je connu de jeunes me disant : « Père, on n'a plus personne par qui être écouté, on n'a plus de grands-parents, car ils sont dans des résidences de vieillards ; les appartements sont trop petits. « C'était le grand-père, la grand-mère à qui, quand on avait douze ans, quatorze ans, on confiait ses petits secrets, parce qu'on savait que grand-père ou grand-mère – ce n'était pas lui qui commandait – n'allait pas se fâcher et on avait un confident. »

Avoir souffert rend tellement plus perméable à la souffrance des autres.

Emmaüs est né d'une réponse à la souffrance. Ne plus laisser seul celui qui souffre. Pour cela, il est essentiel de se mettre ensemble et ainsi d'être plus forts. Là, naît la joie unique, celle que l'on découvre lorsqu'on donne tout pour guérir du désespoir ceux qui sont « de trop » dans l'humanité. Cette joie, c'est la réalité la plus importante de notre vie, et qu'on expérimente même quand on n'en peut plus. En fait, c'est à ce moment-là la rencontre avec Dieu.

Nous ne serons jamais capables, avec la certitude d'être équitables, de juger chacun. Nous ne pouvons même pas nous juger nous-mêmes. On peut juger des actes, des attitudes, des états, mais pas la personne. Parce que nous ne savons pas quels sont les déterminismes dus à l'éducation, aux circonstances, au milieu, existant en chacun, depuis l'enfance.

Je comprends la détresse des jeunes. Ils voient des adultes qui ont perdu le sens de la vie. Ils ne reçoivent d'eux que des incertitudes.

Nous sommes tous des hypocrites, moi comme les autres. Quand la misère ne se montre plus, nous avons vite fait d'y devenir indifférents. Pourvu qu'elle ne soit pas visible et qu'elle ait le bon goût de ne pas gâter notre bonheur, notre petit confort, nous sommes tranquilles.

Pensons au tiers-monde, au quart-monde, c'est-à-dire à toutes les misères de chez nous, comme de tous les pays du monde… Des volontaires ont choisi de vivre là, dans la pauvreté, avec les pauvres, en comprenant… Écoutons-les quand ils nous disent : « Le quart-monde n'est pas, ne pourra jamais devenir une nation. Il est dispersé dans toutes les nations du monde. Mais il est un peuple, un peuple qui réclame de la société une embauche pour lui, mais pas simplement parce qu'il est dans le malheur. (On embauche des chômeurs lorsqu'il y a des chutes de neige, par exemple. J'ai connu cela dans les débuts des Communautés d'Emmaüs, quand nous n'arrivions pas encore à gagner notre pain et n'avions pas le sou.)

Pour être sûr de ne pas rater sa vie, trois choses suffisent : d'abord regarder de quoi les autres ont mal, puis pourquoi les autres ont mal et, après ce regard courageux, savoir écouter le silence. Le silence qui peut faire venir en nous la pensée : à quoi rime d'être heureux sans les autres ?

Pas d'idéalisme. Dieu n'est pas dans le ciel, il est dans le pauvre type qui te parle en ce moment. Le Christ est incarné dans ce voyou, ce voleur, ce menteur. La gloire de Dieu est incarnée en toi qui lis, en moi qui parle…

Des symboles et des signes de reconnaissance sont nécessaires, mais encore faut-il qu'ils soient compréhensibles. En quoi la mitre est-elle signifiante ? Je dis que l'ouvrier ou le cheminot qui n'ont pas été habitués depuis la petite enfance à ce spectacle, quand ils voient l'évêque arriver avec ce machin sur la tête et que, pendant la messe, on le lui enlève, on le lui remet, on le lui enlève à nouveau, deux, trois, quatre fois... ils trouvent cela bouffon !

De même, j'ai apporté mon soutien aux infirmières en grève. Quand je les ai reçues, je leur ai dit : « Vous ne croyez pas qu'une grande partie de vos difficultés vient du fait que personne n'a vraiment pris conscience que vous n'êtes plus des bonnes sœurs ? » Au couvent, la cuisine était prête, le marché était fait, pas de problèmes conjugaux, pas de problèmes avec les gosses, les bonnes sœurs n'avaient plus en entrant au couvent qu'à prier le bon Dieu et aller dormir.

L'unique fondement sûr de l'intelligence pour l'homme d'action est la participation à la peine de ceux qui souffrent et désespèrent.

... Vous aussi les jeunes, souvent, vous êtes injustes envers nous, mais ça se comprend. Devant une telle accumulation de problèmes et de raisons d'angoisse tout autour de nous et partout à travers le monde, vous avez, au fond de votre cœur, envie de nous dire : « Mais qu'est-ce que vous avez fait pour que, quand nous arrivons dans la vie, nous nous trouvions devant une telle masse de problème, sans solutions ? » Vous êtes injustes en nous disant cela ; mais c'est bien excusable et compréhensible, car, à quinze ans, à vingt ans, ce n'est pas facile de mesurer la fantastique, la foudroyante rapidité avec laquelle tout s'est transformé. Il aurait fallu que nous soyons, nous les anciens, des merveilles de génie, d'héroïsme, de sainteté pour arriver si vite à trouver des réponses.

8

VIVRE ENSEMBLE

« Être ensemble devient une nécessité absolue, et pour se faire des alliés, il faut savoir faire crédit. Sans ce crédit fait à l'humanité, nous ne pourrions pas respirer : tant d'humains sont pires que des bêtes sauvages et s'entretuent dans la folie. »

Mais, pour l'Abbé Pierre, vivre ensemble va bien au-delà de l'existence terrestre, dans la mort même qui nous autorise une communication plus totale, plus universelle ; nos traditionnelles notions spatiales et temporelles ont éclaté :

« Ce n'est pas de la séparation que provoque la mort dont je suis impatient. Ah non ! Mais de la rencontre. Rencontre de l'Amour éternel qui est le tout de notre faim... et de celle de tous les frères humains connus et inconnus, innombrables, partis devant nous... et de vous que j'aime, mais avec qui l'intimité reste paralysée, lointaine, tant que nous sommes dans les limites et les entraves du temps... »

Être aimé à la démesure infinie dont j'avais faim, comment oser le croire ? Alors au moins « être avec », « être ensemble », « être ensemble avec tout ».

Si vous entrez dans la vie avec l'idée classique : « Moi, moi, moi, ma carrière, ma fortune, les autres je m'en fiche, qu'ils se débrouillent. » Si c'est votre idéal, alors vous êtes à plaindre, car la brutalité des bouleversements qui ont commencé à travers la terre entière ne cessera pas. Mais si vous entrez dans la vie avec la volonté de travailler, de devenir compétent, d'être heureux dans le service du bonheur de tous, alors si c'est votre idéal, vous êtes enviable aujourd'hui !

À mon premier compagnon qui avait tenté de se suicider, j'avais demandé : « Viens m'aider », il m'a dit : « Si vous m'aviez donné, seulement donné, j'aurais recommencé à me tuer parce que, ce qui me manquait ce n'était pas de quoi vivre, c'était d'abord des raisons de vivre. »

La misère fondamentale, c'est d'avoir très fort le sentiment d'être de trop.

Le mouvement Emmaüs, dans son âme fondamentale, consiste dans la rencontre de quelques personnes que l'on pourrait considérer comme se trouvant privilégiées parmi les heureux, avec quelques personnes parmi les malheureux, et si malheureux qu'ils sont désespérés, qui, portant leurs regards vers d'autres détresses, décident ensemble d'unir leurs efforts pour, immédiatement, secourir ces détresses extérieures.

Jamais je n'avais vu une telle misère, jamais je n'aurais pu l'imaginer. On peut être un homme de cœur et un aveugle, un imbécile. Nous sommes tous des hypocrites, moi comme les autres.

Quoi que dise la loi des hommes, cette brutalité inique viole une loi plus profonde qui nous engage tous à la loi de Dieu. Une société qui l'oublie est maudite.

On n'est pas des anges, certes, chez nous. Mais qui sait si, ici, plus d'un n'est pas en train de devenir un saint ?

Emmaüs, c'est ce qui nous arrive, ce n'est pas ce que nous décidons.

Le XXIe siècle sera fraternel ou ne sera pas.

Paraphrase de la célèbre affirmation d'André Malraux :
« Le XXe siècle sera spirituel ou ne sera pas. »

L'ami, c'est la carte de crédit du mouvement Emmaüs.

Emmaüs est la preuve que l'on est sauvé seulement quand on est devenu sauveur.

Voilà ! Encore une fois, tout le mouvement (Emmaüs) est là : seul tu ne peux rien, mais ensemble, on peut.

Nul parmi nous ne sera considéré en fonction d'autre chose que sa qualité d'homme dans le moment actuel, quels que soient son origine, son passé, ses opinions. Toute allusion au passé sera considérée comme faute grave et devra être réparée sans retard.

Une famille ne peut vivre que si les grands, les costauds, les forts conditionnent leur manière de vivre en fonction du bébé, du malade, du vieux. Une société, c'est pareil !

La liberté est la possibilité qui t'est donnée ou d'être idolâtre de ton moi – « Crèvent les autres, je m'en fous, ne m'importent que ma réussite, ma fortune » – ou d'avoir cette réflexion : « Je ne peux pas être heureux sans les autres. »

Un des principes d'Emmaüs : la même soupe pour tout le monde, croyant ou non.

Seul, chacun n'est rien du tout. Mais si l'on s'unit, fût-ce en triant des ordures, petit à petit, on vivra, en n'ayant plus besoin de mendier, on aura assez pour vivre et, un jour, on logera des familles, on leur fera une cabane et on verra le bonheur d'une maman. Alors que l'on n'avait plus de bonheur, on va en retrouver en se vouant à en donner aux autres.

Le mal, à mes yeux, c'est en grande partie de croire orgueilleusement qu'on se suffit à soi-même. C'est le sentiment de sa propre suffisance et le mépris de l'autre poussés jusqu'à l'absurdité. Scandale de la vie bafouée, du gaspillage, de l'indifférence aux vieillards et aux pauvres, aux affamés, aux sans-travail, aux exclus de toutes sortes... Tout cela est notre responsabilité et notre problème, pas ceux de Dieu.

Quand on est jeune, il peut coûter de supporter les autres. Quand on a longtemps vécu, combien il coûte parfois davantage de se supporter soi-même, tandis qu'on se connaît jour après jour de façon plus profonde et plus vraie.

Être pauvre, c'est ne pas pouvoir être heureux sans les autres.

Pour sauver le monde d'aujourd'hui, il faut des hommes nouveaux. Une poignée d'hommes au cœur d'enfant, venus parmi les gueux pour les aider à redevenir des hommes, jettera le défi à la société tout entière.

Nulle société (et plus que jamais en ces temps d'industries) ne saurait trouver son harmonie hors d'un effort réciproque des uns et des autres pour mener de front les luttes pour plus d'humanité en tout, c'est-à-dire à la fois pour plus de sécurité, de dignité et d'épanouissement, autant de vies rurales que de vies urbaines. Nous sommes tous hommes d'une seule et même terre. Qu'elle est aberrante l'attitude de ceux qui croient se grandir en affectant de s'éloigner de celle-ci davantage.

9

COMMUNIQUER

C'est un phénomène de société notoire : de nos jours, toute action d'envergure a besoin de la communication pour se développer efficacement. Dans un premier temps, il est essentiel de se faire connaître afin de promouvoir son action. A ce stade, quiconque veut convaincre, courtise inévitablement les médias. Mais, une fois le processus enclenché, le résultat dépasse fréquemment les espérances de celui qui l'avait initié et il ne le maîtrise plus. Très vite, une certaine lassitude s'empare des personnes médiatisées.

C'est le plus souvent par l'humour, l'ironie ou l'autodérision que l'Abbé Pierre exprime sa fatigue à l'égard des médias. Dans cet esprit, il a demandé à ne plus faire partie des listes proposées aux Français pour élire la personnalité qu'ils préfèrent. Pour autant, sa popularité reste entière. Elle est liée à la formidable générosité de son mouvement, mais aussi à ses talents journalistiques, magnifiquement illustrés par ces deux extraits :

« J'avais déjà rencontré le pape au Salvador [Il s'agit de Jean-Paul II], en pleine guerre civile, très courageux, très déterminé. Depuis, il a acquis une densité supplémentaire. Il est tout de même très impressionnant, il écoute, mais ne semble pas entendre : il ne se détourne pas de sa pensée. »

« Celle qui m'agace, même si je l'aime bien, c'est la mère Teresa. Au Guatemala, je me souviens, elle a été reçue dans un stade immense, elle est arrivée devant la foule, malade, coudée comme un vieil olivier, elle a touché les malades grabataires, alignés devant elle. Elle a commencé à parler très bas. [...] Personne n'entendait. On croyait qu'elle allait rendre l'âme, mais elle s'est redressée et, à la fin, d'une voix fracassante, elle s'est mise à prêcher... Il y avait bien 20 000 personnes. Et que leur annonce-t-elle ? "Le grand danger, au Guatemala comme au Bangladesh, ce n'est pas la pauvreté, c'est l'avortement !" Inimaginable ! »

Pour avoir le droit de parler, il faut avoir les mains propres. Il faut avoir eu le courage de reconnaître, de réagir si on s'est trompé.

J'ai dit récemment et je vous le redis à tous : « Ceux qui détiennent une responsabilité de média, de presse, ont du feu dans leurs mains. Avec cela, ils peuvent faire des merveilles, des chefs-d'œuvre, montrer les splendeurs de la vie et en même temps, ils peuvent détruire, beaucoup détruire. » C'est une immense responsabilité, difficile à assumer car il faut quotidiennement apporter. On n'a pas le temps, je le sais bien, d'aller soi-même vérifier telle information ou telle autre.

Les journalistes, qui sont des braves types, se sont pris tout d'un coup, je ne vois pas pourquoi, d'un béguin pour moi. Certains n'ont pas hésité : « Il faut canoniser l'Abbé Pierre... » ont-ils écrit. Cela m'inquiète un peu. J'aime mieux m'en remettre au bon Dieu pour un peu plus tard.

Quand les sociologues étudieront le phénomène Abbé Pierre, en dehors du vedettariat et de tout le baratin médiatique, ils verront qu'Emmaüs a permis que se reconstitue, à notre insu, un mécanisme qui avait disparu de notre temps : la fonction prophétique.

Moi, je me sens instrument de Dieu. Les hommes, dans leur gentillesse, m'attribuent une perfection qui n'est pas la mienne.

Ne jetez pas votre cœur à la poubelle !

Imaginez ce supplice, être une bête curieuse, ne jamais pouvoir passer inaperçu, être harcelé par l'admiration... tous ces gens qui veulent faire de vous un saint, alors que vous n'êtes qu'un pauvre homme comme les autres, aussi misérable... C'est touchant, c'est bouleversant, n'est-ce pas ? C'est crucifiant aussi.

La pire vacherie que l'on peut faire à un copain que l'on n'aime pas, c'est de lui souhaiter de devenir célèbre. Un peu de célébrité, ce n'est pas désagréable. Au-delà d'un certain degré, il y en a franchement marre.

Comment j'ai géré ma notoriété ? Je me suis débrouillé avec, je l'ai supportée. En vérité, ma première réaction consiste à ne pas en tenir compte. Je n'ai jamais pensé : « Qu'est-ce que les gens vont encore dire ? On va me poursuivre, me demander des autographes. » Je m'en fous. D'abord l'acte, l'action.

Or, les médias, même les mieux intentionnés, les plus honnêtes, par nécessité professionnelle, nous droguent.

Ils se trouvent contraints, pour répondre à la demande et lutter contre la concurrence, de monter en épingle une catastrophe ou un assassinat. Des statistiques calculent le temps passé à des actes de violence. Les médias nous droguent en ce sens que le dosage du noir, de l'horreur qu'ils nous présentent, ne nous donne pas pour autant l'occasion de nous comporter en êtres humains. Nous vivons une époque où il faut être conscients de ces réalités, ne pas se dérober, tout en étant déterminés à savoir « perdre son temps », pour regarder les fleurs, voir naître des petits poussins.

Alors j'ai besoin de dire, parce que c'est vrai : « Je n'ai pas voulu ces interviews. Et à mesure qu'elles se font je ne sais si j'ai eu raison, ou tort, de céder à votre amitié harcelante, et d'accepter de vous répondre. » Dit-on assez, ou pas assez, ou trop ?

Si vous voulez faire quelque rosserie à quelque ami, souhaitez-lui ça, un film sur lui avant qu'il ne meure.

Et que chacun comprenne comment, à mesure qu'avance la vieillesse, on est écartelé entre la pensée qu'il faut accepter de dire ce que, dans la vie, l'on pense avoir rencontré de certitudes pour guider les pas et la soif de pouvoir, avant le bout du chemin, retrouver l'entière solitude, se retrouver de nouveau inconnu, pour se consacrer à « l'autre action », pas moins nécessaire, pour tous, tout intérieure.

❧

Les conférences... ce sont d'immenses détresses. Peut-être que seuls les gens du spectacle pourront bien comprendre ce que je vous confie là. On s'est concentré, puis donné, de tout son être. Une foule applaudit, cherche à vous entourer un instant ; parfois avec de très touchantes manifestations de sympathie... et bientôt vous êtes seul, horriblement las, et seul... Combien souvent alors j'ai pleuré, sans trouver le sommeil.

❧

10

MÉDITER

Parce qu'il a le sens de l'urgence, l'Abbé Pierre a consacré une immense partie de sa vie à agir, à construire, à bâtir. Il l'a fait directement, en étant sur les chantiers parmi les compagnons, mais aussi indirectement en exhortant les autres à suivre son exemple, par tous les moyens possibles : articles, conférences, émissions, rédaction d'ouvrages.

Or apparaît tout au long de l'œuvre de l'Abbé Pierre la nostalgie de n'avoir pu, par la force des choses, consacrer davantage d'heures à la méditation, à la réflexion solitaire, à l'écriture et à la prière. Il déplore également de n'avoir pu se consacrer suffisamment à l'Adoration dont il ne cesse de louer la formidable énergie qu'elle insuffle à ceux qui s'y adonnent.

C'est sans doute quand il aborde le thème de la parousie que l'Abbé Pierre nous incite le plus originalement à la méditation : « Je pense qu'il y aura une fin du monde. Ce sera le moment de la parousie, c'est-à-dire du retour du Christ dans Sa Gloire. Le verbe de Dieu apparaîtra et Sa Gloire se révélera à l'humanité, à ceux qui seront vivants à ce moment-là et à la totalité de ceux qui auront vécu avant. On estime entre quatre-vingt-dix et cent milliards le nombre d'individus depuis les premiers signes humains. Quand on trouve des squelettes alignés en ordre, on est certain d'avoir affaire à des humains, les bêtes n'alignent pas leurs morts. Je pense que la parousie se produira au moment du Un. Ou au moment de sa réussite, ou à celui de la déflagration anéantissante, qui serait l'échec. Mais nous pouvons être optimistes car la montée du Un n'a jamais cessé au cours des siècles et des millénaires. »

Les méditations auxquelles nous convie l'Abbé Pierre portent sur bien des sujets comme celui de la vieillesse : « À force de voir prolonger la vie, indéfiniment, on vit avec l'illusion de ne plus mourir. Est-ce qu'elle sera marrante cette prolongation ? » ou celui des villes : « Quelle âme habitera la ville ? La question revient chaque fois que j'ai l'occasion de traverser quelque grande cité. Comment l'humanité trouvera-t-elle, dans ces entassements, les raisons de vivre sans lesquelles la vie est une coquille vide ? Comment trouvera-t-elle le recueillement nécessaire pour percevoir, au-delà de la monotonie des jours, les possibilités d'émerveillement ? »

Je n'ai pas de solution toute faite, je cherche.

La première pensée d'une vie consacrée à Dieu m'est venue à l'âge de douze ans.

Nous nous sommes trompés sur l'Éternel. Nous l'avons caricaturé à notre image humaine. Parce que, quand l'homme est puissant, il est dominateur ; on a fait du Tout- Puissant un dominateur. La vérité est que parce qu'il est Amour et le Tout-Puissant, il est le Tout- Puissant captif de la liberté qu'il nous a donnée, risquant Sa gloire pour le respect de l'homme. Oui, Dieu seul respecte l'homme à ce point. Dieu, créateur de liberté.

Le rôle de tout être humain, c'est de faire la preuve que le monde n'est pas sans raison.

La vie est plus un consentement qu'un choix.

Pour moi, Dieu a fait l'homme à son image. C'est comme une cire dans laquelle un sceau a été planté. Le sceau, on ne le verra jamais, mais si je suis attentif, je le connais parfaitement : en creux, par tout ce qui manque.

La vie est plus belle que la prudence.

À partir d'un certain degré de souffrance et de détresse, on ne fait pas grève, on ne se révolte pas. On est tellement humilié qu'on se cache. La profonde souffrance rend muet.

Selon l'étymologie latine, la foi est l'adhésion de l'esprit sous l'impulsion de la volonté. Rien à voir avec la conclusion d'un raisonnement ou avec un devoir lié à la peur du péché ou du diable. La foi est un appel à la liberté d'aimer. C'est un acte d'amour.

Pourquoi j'entretiens ma souffrance ? Ce soir, je crois le comprendre. La souffrance élève.

Les contemplatifs peuvent sembler inutiles. En réalité, au moment les plus dramatiques de la vie spirituelle intérieure ou collective du monde entier, ils sont comme des glaciers. Rien en eux n'est inerte. Tout craque de tous côtés. Ça ne cesse de vivre. C'est de sous le glacier que jaillissent les torrents qui font nos fleuves et nos eaux les plus pures. Ils sont le sel de la terre… Nous sommes la soupe… Et la soupe sans sel, ça ne va pas !…

Au jour du jugement, voyant notre suffisance et pesant notre insuffisance, on nous demandera moins : « Avez-vous été croyants ? » que : « Avez-vous été crédibles ? »

Tant qu'existera la misère, aussi longtemps que régnera l'exclusion, nous ne connaîtrons ni la paix de l'âme, ni la joie du cœur, ni la Paix.

J'ai passé une nuit à retourner, en tout sens, cette question : « Quel âge avait Marie au jour de la crucifixion de son Fils ? » Elle avait seize ans au moment de l'Annonciation, donc dix-sept ans à la naissance de Jésus, lequel sera crucifié à l'âge de trente-trois ans ! Alors, comment se fait-il qu'aucun peintre n'ait songé à la représenter comme une mère d'âge mûr ?

Il y a des cas où un chrétien peut considérer qu'hélas l'avortement est un moindre mal.

La prière n'est pas une demande. C'est une écoute. Elle permet, dans le silence, d'entendre le Souffle de l'Esprit saint.

La sagesse, ce n'est pas être sage. Ça vient du latin *sapere* qui signifie « goûter », « savourer ». La sagesse, c'est le don de goûter comme c'est bon d'aimer.

L'intégrisme est un refuge pour la misère parce qu'il offre un sursaut d'espérance à ceux qui n'ont rien. Que leur mal disparaisse et l'intégrisme perdra ses troupes.

Par les cycles qui rythment son corps, la femme est liée à l'universel vivant ; elle vit en union mystérieuse avec la pulsation de l'univers. Je pense qu'il y a là une richesse de l'humanité, de l'ordre du sacré.

La sérénité, c'est l'acceptation de soi-même et de ce qui est. La vie spirituelle offre ce rayonnement.

Le pouvoir est aveugle, les détresses les plus accablantes sont muettes... Comment faire se rejoindre ceux qui savent et ceux qui peuvent ?

La pitié n'est pas une fin. Seule la justice est un but digne de l'homme.

Dans le langage commun, on a fini par assimiler prier et mendier. La prière est essentiellement adoration. Celle d'un être humain qui est blessé par les blessures de l'humanité tout entière.

Il y a de vrais et de faux objecteurs de conscience. Les faux, ce sont ceux qui lorsqu'ils voient une brute cogner sur un gosse disent : « La violence, je suis contre, je ne veux pas m'interposer, je prends la rue voisine, je n'ai rien vu. » Les vrais se mettent devant la brute et lui disent : « Maintenant pour toucher à ce gosse, il faudra me tuer. » À ceux-là, aux purs, je conseille quand même d'apprendre le judo...

J'ai honte de penser qu'en cinq ans, Hitler a fait passer son armée de 100 000 à 800 000 hommes, tandis qu'en France, on n'a pas été foutu de construire trois millions de logements en quarante ans.

Avant la charité, il faut faire passer la justice.

Le chrétien n'a qu'une peur, c'est de se satisfaire, de s'installer. Le chrétien, pour être heureux, a besoin de se sentir toujours prêt à lever le camp.

Ce que ressent une personne atteinte par la pauvreté, c'est le sentiment, et très vite la certitude, qu'elle est de trop. Voilà le premier signe élémentaire et universel de la pauvreté… le plus profond, le plus intime et le plus destructeur.

La lutte pour mon pain, ce ne peut être que du matérialisme ; la lutte pour le pain des autres, c'est déjà du spiritualisme.

Le seul bonheur consiste à avoir conscience de sa souffrance et de la noblesse qu'elle confère, attestant une attache mystérieuse à un bien supérieur. Souffrir ainsi c'est vivre…

Gardons au cœur l'impatience de faire. Et l'indignation dans l'action.

Il y a un mot merveilleux dans le livre des *Confessions* de saint Augustin. C'est une parole que j'aime beaucoup en latin. Les mots y chantent. Elle dit : « Seigneur Dieu, tu nous as faits pour Toi, et notre amour est sans repos... (en latin le mot est *irrequietum*)... sans repos tant qu'il ne repose pas en Toi. » Nous sentons bien un appel.

La désillusion est le commencement de la vraie vie. On devient un homme quand on sort des illusions pour entrer dans le réel. C'est vrai en toutes circonstances : éducation, mariage, charité.

Plus on avance dans la connaissance, plus on est modeste. Ceux qui savent très peu peuvent être grisés parce qu'ils ont appris à lire et à compter. Plus on sait, plus on se protège de l'orgueil.

L'enfer, ce n'est pas quelque châtiment, une sorte de vengeance de Dieu ! Tout ça, c'est des images. C'est bien plus grave : c'est l'instant de clarté, de pleine lumière où chacun se voit tel qu'il s'est fait : communiant ou suffisant, autrement dit aimant ou s'adorant lui-même. Moi ! Ma carrière ! Ma réussite ! Ma fortune ! « Tu t'es prétendu suffisant ? Suffis-toi ! » Là sera la damnation. L'enfer, ce n'est pas les autres. C'est être voué à se voir tel que l'on est dans la glace pour l'éternité.

L'Éternel n'est pas seul ; il est ce qui existe. Il exprime tout ce qui est, à l'infini. Par analogie, on emploie des mots : il est Père, il est Fils ou Verbe, il est Esprit, il est table ou chaise, il est toi, il est moi, et il est le tout à la fois. Ensuite, mille milliards de créations, mille milliards de cosmos peuvent exister, ils ne sont qu'une partie de ce tout.

J'espère que les femmes ne vont pas jouer à l'homme, oubliant ce qui fait leur spécificité, caractérisée par des dons naturels que l'homme n'a pas. Elles y perdraient le meilleur d'elles-mêmes. Et l'homme aussi. Parmi ces dons, il y a la maternité. Neuf mois durant, la femme sent la vie peser en elle. Elle connaît alors une expérience vitale que l'homme ne vivra jamais.

La pitié n'est pas une fin. Seule la justice est un but digne de l'homme.

Oh, j'ai compris ce que c'est un homme qui se recroqueville pour mourir au milieu de notre société de civilisés. Autant un homme, quand il est debout, c'est quelque chose d'immense, d'envahissant, qui remplit tout l'horizon ; autant un homme lorsqu'il est étendu sur le sol, se cachant en quelque sorte pour souffrir et pour mourir, c'est devenu quelque chose d'indicible, d'insignifiant, de dérisoire. Mais ce quelque chose de dérisoire apparemment, un jour, au jour de Dieu, cela se dressera de nouveau pour nous accabler et nous condamner.

L'Éternel est Amour
Nous sommes aimés
Nous sommes libres pour être capables d'aimer.

Credo de l'Abbé Pierre.

Les regrets sont vains quand il est trop tard. La digue est rompue, le flot passe, il brasse les boues. Ce qui compte, c'est demain.

Le plus parfait obéissant, c'est celui qui réussit à se faire commander par son supérieur ce qu'il a envie de faire.

À mesure que le monde chrétien perdait de sa ferveur primitive, les âmes d'élite s'en allaient demander à la vie monastique la réalisation de leur idéal plus élevé. L'Orient, berceau du monachisme…

Bien souvent, et c'est pourquoi pour moi, en moi, l'adoration – j'emploie très peu souvent le mot « prière » – est la force vive. Grâce aux sept années, il y a longtemps, où j'ai vécu dans l'adoration, c'est devenu comme un sceau qui ne peut plus s'effacer. Une habitude, quoi que je fasse, d'adoration.

On parle souvent de la gloire de Dieu. La gloire de Dieu, est d'être, parce qu'il est « Père » comme nous disons, et entre le Père et le verbe, le souffle de l'amour réciproque existe. Sa gloire est qu'il est Amour reconnu par l'Amour. Et le seul véritable but est la plénitude de l'Amour.

Dieu n'est pas dans le ciel, il est dans le pauvre type qui te parle en ce moment. Le Christ est incarné dans ce voyou, ce voleur, ce menteur. La gloire de Dieu est incarnée en toi qui lis en moi qui parle.

Il manque dans l'esprit de ces hommes qui prétendent réagir, à côté de l'arrêt dans l'activité pour la méditation politique, l'arrêt dans la méditation mystique. Et c'est ainsi que l'œuvre des saints, qui savaient se donner cela, a duré, durera infiniment plus que celles des César, Bonaparte, Metternich. Ce qui manque à ces derniers, tout faits de l'esprit du monde, c'est l'esprit de Dieu.

La marque de Dieu, tout homme la porte en lui comme un creux, une soif d'amour illimitée.

Aller aujourd'hui à la messe pour y retrouver si peu de gens, en quoi est-ce ressourçant ? La participation à la messe du dimanche n'est pas une prescription du Christ.

Ne vaudrait-il pas mieux convoquer le peuple tout entier à trois ou quatre assemblées chaque année ? N'est-ce pas plus revigorant pour la vie intérieure des jeunes que de les obliger à assister tous les dimanches matin à quelque chose qui leur paraît artificiel ?

Je pense qu'il y aura une fin du monde. Ce sera le moment de la parousie, c'est-à-dire du retour du Christ dans sa Gloire. Le Verbe de Dieu apparaîtra et sa gloire se révélera à l'humanité, à ceux qui seront vivants à ce moment-là, et à la totalité de ceux qui auront vécu avant.

Je ne l'ai remarqué que très tard, toutes les Béatitudes – « Bienheureux ceux qui ont faim, ils seront rassasiés ; ceux qui pleurent, ils seront consolés... » – sont au futur. Excepté deux, qui sont au présent, la première et la dernière : « Bienheureux les pauvres de cœur, le Royaume des cieux est à eux », « Bienheureux ceux qui souffrent de persécution pour la justice, le Royaume des cieux est à eux. » L'Éternel est là, il suffit d'ouvrir son cœur, il est déjà présent dans le temps.

Vivants, nous, vivons entourés d'ombres. Nous voulons connaître, nous voulons aimer, nous voulons, nous voulons, et sans cesse nous sommes confrontés à nos limites. Après la mort, nous sommes confrontés dans ce que j'appelle « le toujours de l'au-delà du temps ».

Sans être expert, je pense que, théologiquement, il n'y a pas d'arguments contre l'accès des femmes au sacrement de l'ordre, si ce n'est ceux, de convenance, qui reflètent les modes de pensée dans lesquels ont été éduqués nos prélats.

Pour beaucoup, la foi se confondait avec la coutume. Aujourd'hui, les questions : « Qui sommes-nous ? D'où venons-nous ? Où allons-nous ? » n'ont plus de réponses toutes faites. La pratique d'habitude est morte. D'autant plus passionnée et personnelle est pour chacun la recherche.

Tout porte à croire qu'une véritable religion va renaître pour l'homme, non pas intégriste mais intégrée.

Plus on me dit qu'on est étonné par mes coups de gueule, par ma résistance et mon énergie, plus je pense que jamais je n'aurais tenu le coup, si je n'avais vécu cloîtré pendant sept ans chez les capucins, réveillé tous les jours entre minuit et 2 heures du matin. Un trésor m'attendait : l'Adoration dans l'obscurité, sans pouvoir s'aider d'une lecture. C'est comme un fer rouge qu'on porte avec soi. On approche l'amour absolu sans jamais l'atteindre. Cela vous laisse une blessure qui ne guérit jamais. Ça a été la grâce de ma vie...

Il ne faut pas attendre d'être parfait pour commencer quelque chose de bien.

Il est plus facile d'être un fervent chrétien au cloître que dans l'activité apostolique au milieu du monde. Mais au cloître, il est plus facile d'être un saint.

Il y en a qui sont experts en politique. Moi, je préfère être expert en humanité.

Tant qu'il n'a pas perdu le contact premier avec la nature, l'homme peut penser que l'univers est implacable, mais jamais qu'il est absurde.

Quoi de plus affreusement douloureux et, à la fois, par instants plus ou moins prolongés, de meilleur que l'expérience de la solitude ? Ainsi en est-il de bien des réalités de cette si énigmatique vie humaine, écartelée entre angoisse, obscurité et temps de paix et, par instants, indicible jubilation.

Répondre à la fois à « la faim de n'être pas seul », mais, en d'autres moments, « à la faim d'être seul », en vérité, voilà bien l'un des problèmes essentiels à résoudre pour l'homme, plus que jamais dès maintenant et combien davantage dans la société prévisible de demain.

Devenir « capable de rentrer en soi-même », « recueilli », comme on dit, fût-ce dans la cohue d'un métro, cela s'apprend. Plus d'un y parviennent, et tous en ont besoin.

Et cela aussi doit s'apprendre : la certitude très vivante que jamais aucun humain n'est réellement en maudite solitude et désolation, utile à personne, n'aimant personne, aimé par personne.

Le péché, c'est vouloir ne plus dépendre de Dieu, affirmer que notre destinée se réalise par nos seuls efforts, sans l'aide divine. C'est prétendre discerner seul ce qui est bien de ce qui est mal, et que l'on ne peut accéder au salut par soi-même.

C'est tellement complexe un homme et, jusqu'au dernier instant, tellement inachevé !

Je crois en Dieu et je pense que seul Son Amour, Son Être hors du temps, peut clarifier cette petite et immense réalité qu'est chaque personne.

Malheur aux sociétés où les rares forces d'interpellation prophétique, c'est-à-dire « voix sans voix », deviennent un jour politiciennes. Non que la politique soit à dédaigner ou à réprouver. Mais qui dira au prince son fait si le prophète devient son semblable ?

« L'enfer, c'est les autres », écrivait Sartre. Je suis intimement convaincu du contraire. L'enfer, c'est soi-même coupé des autres.

Le mot de Buron disant de la politique qu'elle est « l'art de rendre possible ce qui est nécessaire » est sans doute la meilleure définition qui puisse être donnée de la politique.

Désirer « l'anticléricalisme des saints », qu'est-ce d'autre que s'efforcer de remplir les tâches de service de Dieu et des autres sans chercher à en tirer des avantages ? Et c'est difficile, et c'est à reprendre chaque jour.

Le droit d'ingérence, vite devenu le devoir d'ingérence, est une tentative rigoureuse d'essayer d'éviter les grands massacres et de les prévenir. Avant la disparition de la souveraineté absolue de chaque État, il annonce l'avènement d'une politique morale universelle. C'est la révolution planétaire de cette fin de siècle.

Les temps de maladie, presque tous, restent dans mon souvenir, et dans la réalité, des temps de la plus grande importance. Par le recueillement, l'isolement, ils étaient des temps où, d'une part, se mûrissait tout le vécu, tout le pensé d'avant, et d'autre part aussi des temps où explosaient, du fait de la non-activité extérieure, des émotions jusqu'alors plus ou moins inconscientes.

Le devoir du pape, des évêques et de tout croyant est de dire l'appel à la perfection pouvant demander de l'héroïsme, qui nous est présenté par la parole de Jésus. Mais nous sommes des êtres humains. S'il arrive que nous ne soyons pas capables de cet héroïsme, n'ajoutons pas le crime à la faute en dédaignant le moyen contraceptif qui est la seule protection.

J'aime répéter ce mot qui clôt toute la Bible : *Maranatha*, c'est-à-dire : « Viens, Seigneur, viens. » Parfois, souriant, j'aime dire à mes amis que, peut-être (et ce ne serait point du tout trivial), c'est dans ce mot araméen, merveilleux, qu'il faut chercher l'étymologie de notre bon argot : « Y en a marre ! » Ah oui ! Quand viendra l'heure, pouvoir, dans la certitude que c'est alors plénitude de communion à la volonté de Dieu, dire : « Oui. Ça suffit ! *Maranatha !* Viens, Seigneur, viens ! »

Au contact de De Gaulle, j'ai plus d'une fois eu le sentiment que ses obstinations étaient le fait autant de sa conviction d'avoir à accomplir une tâche exceptionnelle et un devoir impossible à éluder, que d'une dure victoire remportée sur quelque chose comme une profonde timidité.

La Providence nous a toujours donné le vraiment nécessaire… avec un petit quart d'heure de retard… pour que nous ne devenions pas des enfants gâtés.

Devant un grain de blé, l'on peut avoir trois pensées et trois comportements.

L'un dit : « Admire. Vois cette forme, cette couleur, ce luisant. Gardons cela dans un écrin comme un bijou. »

Un autre alors ne peut pas, indigné, ne pas protester : « Tu es fou ! Ne vois-tu pas que ce petit grain n'est rien qu'un possible devenir, épi, moisson en germe. Arrache-le de cet écrin, hâte-toi de le jeter au sol. Il n'est valeur que parce qu'il est avenir. » […]

Il faut qu'un troisième survienne qui sache voir toute la réalité, en toutes ses dimensions, de ce grain à la fois dans son être et sa vie. Et c'est de l'homme, non d'un grain de blé qu'il s'agit là, de l'homme affamé de rencontre, personnelle, et d'infini.

La vraie grandeur de la vie, c'est qu'elle est plus un consentement qu'un choix. Consentement de dérobade devant des appels intérieurs qui exigent, face aux faits, tantôt des non, tantôt des oui, tantôt des silences, tantôt des éclats violents d'intervention. Là commencent les dimensions politiques et mystiques de la vie.

L'univers pourrait être une espèce de mécanique, d'horloge admirable sur laquelle il n'y aurait pas la moindre ombre de désordre. Pour quoi faire ? Est-ce que l'Éternel aurait besoin de jouets pour s'amuser ?

Dieu seul est bon.

Parlant de Béatitude, saint Thomas d'Aquin dit que chaque être humain saint aura une béatitude correspondant à ce pour quoi il avait eu goût et curiosité de son vivant. Le musicien aura une béatitude musicale et découvrira l'infinie beauté des variations de l'harmonie. Le mathématicien aura une jubilation en découvrant le jeu des chiffres dans lequel il avait trouvé des moments d'éblouissement. L'être reste un ; c'est ma foi. Un cadeau et une conquête.

La raison ne nous permet pas d'imaginer ce qu'est l'infini. Notre cerveau n'est pas à la mesure. On peut l'approcher par l'amour. Un mécanisme au-delà de la raison qui consiste non pas à capter une image, à la prendre pour se l'approprier, mais à se donner. Être plus hors de soi, c'est sortir de ses limites. Là, on peut rencontrer l'infini.

Lorsque nous paraîtrons devant Dieu, il est une question qu'il nous posera immédiatement : « J'ai eu faim, j'ai eu soif, est-ce que tu m'as donné à manger ? Est-ce que tu m'as donné à boire ? J'étais malheureux, est-ce que tu m'as soulagé ? » Et nous lui dirons : « Nous ne Vous avons pas connu, nous ne Vous avons pas vu, nous n'avons pas pu Vous nourrir, nous n'avons pas pu Vous soulager dans Votre souffrance. » Et il nous répondra : « Chaque fois que tu connaissais un homme qui était malheureux, c'était moi dont la souffrance était devant toi. Qu'as-tu fait ? »

Il faut convaincre le monde qu'il est Un, il faut sauver le monde de la destruction, de la mort des chairs et des âmes.

Quand on parle des saints, il faut se mettre d'accord : de qui parle-t-on ? De ceux du calendrier ou de ceux de chaque jour, les papas, les mamans, les enfants qui, trébuchant, font bien ce qu'ils doivent faire ? La sainteté, c'est aussi cela, mettre sa bonne volonté – boiteuse, fragile, mais tendue, rebondissant indéfiniment – à bien faire ce que l'on a à faire.

La Bible est évidemment écrite après coup. Quand Dieu fait des discours sur quatre pages pour s'adresser à Moïse ou au prophète Élie, ses propos n'ont pas été appris par cœur ou enregistrés. En réalité, c'est une intuition intérieure coïncidant avec tout ce qui a été dit antérieurement par les prophètes et la partie mythique de la Bible ; depuis les origines jusqu'après le Déluge.

Quand le pape en Ouganda, s'adressant à des polygames, a déclaré qu'il n'existait qu'un remède sûr contre le sida, la continence – autrement dit : s'abstenir de tout plaisir charnel –, c'était absurde. Pour des peuples dont la culture tout entière repose sur le fait d'avoir des fils, ce langage n'a aucun sens. Celui de la fidélité en aurait un…

Lors du dernier entretien que j'eus avec François Mitterrand, entretien qui dura trois heures, il me demanda : « Mais dans une longue vie de péripéties comme la vôtre, avec ses coups durs et ses joies, n'avez-vous jamais connu le doute ? » Je lui répondis : « Si, à seize ou dix-sept ans, j'ai connu le doute absolu par rapport à tout ce qui m'était enseigné. Puis la foi a chassé le doute. Mais une fois le doute vaincu, ma vie n'a jamais cessé d'être tissée d'interrogations. »

L'espérance est intimement liée au sens de la vie. Si l'existence ne mène nulle part, si elle doit seulement conduire à ce trou dans la terre où l'on met si peu de matière qui va se décomposer, à quoi bon vivre ?

L'espérance, c'est croire que la vie a un sens.

L'Évangile n'a donné ni constitution ni programme économique. Il dit le but. Il dit la volonté nécessaire : vivre le partage ; mais il laisse à la responsabilité des hommes de travailler, jour après jour, dans les humbles certitudes de leur science pour que cela soit politiquement vécu.

Ayez la sagesse d'accepter humblement ce qui nous dépasse. Pascal dit des choses très profondes sur les ombres et les lumières de la foi : « Une face assez lumineuse pour qu'on puisse être raisonnablement amené à croire, une face suffisamment obscure pour qu'on ne soit pas obligé de croire. »

L'homme porte en lui une aspiration à l'infini, à l'éternité, à l'absolu, et il vit dans le fini, le temps, le relatif. Il est fondamentalement, ontologiquement insatisfait. S'il n'en prend pas conscience, il reporte ses aspirations les plus profondes dans le domaine de l'avoir : il est sans cesse en quête de biens matériels et de plaisirs immédiats qui ne pourront jamais le combler. Il sera alors éternellement insatisfait, car il se trompe sur la nature du véritable bien.

S'il n'est pas lucide, il peut aussi se mentir à lui-même et vivre dans l'illusion d'être comblé ou de pouvoir le devenir par des moyens erronés. Mais n'est-ce pas cesser d'être homme que de se sentir satisfait ?

Un jour, on me demandait : « Qu'est-ce que l'adoration ? » J'ai répondu que l'adoration, c'est un éblouissement insupportable. Et la prière, c'est l'adoration. Mais, bien entendu, le petit enfant ou la personne qu'on vient voir à l'hôpital, toutes les souffrances, on les porte dans l'adoration.

… Il ne s'agit pas de rabâcher, de forcer Dieu à céder… La prière est faite pour nous convertir, pour nous transformer en énergie. Pour que nous devenions des êtres contagieux.

Je ne dirai pas, comme l'a dit mon cher Robert Buron, qu'être député, c'est exercer « le plus beau des métiers ». Mais je dis (et je crois qu'il faut l'affirmer tout autour de soi) que ce peut être un très beau métier, noble et généreux.

Mais comme tout métier, il exige préparation, compétence. Si l'on n'a pas cette compétence lorsque l'on s'y trouve engagé, il faut vouloir l'acquérir. Je n'avais pas cette compétence, et je n'ai pas eu la détermination de l'acquérir. Rien ne m'y avait préparé.

J'ai acquis la conviction que l'on n'est pas bon homme politique seulement par vertu, par devoir ! C'est une sorte d'existence dévorante, ingrate pour qui veut se garder des facilités, ou des profits sans scrupules. Je ne crois pas que personne puisse y bien servir et y persévérer sans qu'il aime participer au pouvoir.

Tant de personnes éminentes rencontrées, cela m'a conduit à la conviction que les « grands hommes » ça n'existe pas. Il y a des gens de bonne volonté, de courage, de talent. Il y a aussi des gens méprisables parce que trichant avec leur talent. Il y a des personnes naïves qui ont magnifiquement conduit des affaires d'État horriblement compliquées, et des habiles qui ont tout perdu. Aucun n'est sans faille.

Toute identification, à un homme, à des idéaux, à des valeurs, pour lesquels on vit, est une folle imprudence et, tôt ou tard, laissera meurtri. Et « idolâtrer » qui que ce soit, c'est, au bout du compte, lui faire grand mal, à lui aussi.

Le premier effet de cette connaissance de saint François fut de me jeter dans la relecture (non, je crois bien qu'il est plus exact de dire la lecture, pour la première fois véritablement volontaire, personnelle) des Évangiles. Depuis, tantôt naïvement, et tantôt en rudes interpellations, je n'ai jamais cessé cette relecture. J'ai toujours les Évangiles dans ma poche ; et souvent je les lis, les relis en soulignant.

La foi sait que le miracle est possible, et cela suffit. À la science d'examiner chaque cas, et de dire, modestement et clairement, quand elle constate « des faits sans explication naturelle dans l'état actuel des connaissances ». L'incroyant se croit contraint d'affirmer, même parfois contre l'évidence, qu'il n'y a pas « miracle » puisqu'il ne peut y avoir « miracle », c'est-à-dire « signe » puisque, pense-t-il, n'existe pas ce quelqu'un, Éternel Amour, capable de « faire signe » à nos vies.

… Comment s'expliquer qu'il soit possible d'être « croyant quand même », alors que les moyens de communication, d'information universelle, aujourd'hui nous font voir l'horreur du monde, en même temps que ses splendeurs ? Mais l'horreur de l'injustice des victimes écrasées ! Comment est-ce possible « d'être croyant quand même » ? Pour moi, c'est devenu possible le jour où j'ai compris à quel point nous étions trompés sur l'Éternel. Nous l'avons caricaturé à notre image humaine. Parce que quand l'homme est puissant, il est dominateur, alors on nous a fait penser que l'Éternel, puisqu'il est Tout-Puissant, est dominateur. S'il était cela… mais… il serait à condamner... La vérité, c'est de comprendre que l'Éternel, parce qu'il est Amour, est le contraire du Tout-Puissant dominateur.

Cette joie qui naît de Dieu, est une chose unique, indicible. La joie, c'est je crois bien la déchirure en plein orage d'un nuage sombre, au travers de laquelle rayonne l'azur lumineux et paisible.

La joie, c'est comme l'étoile unique qui brille en une triste nuit, parfois quelques secondes, dans la cavalcade des masses de nuées.

La joie, c'est le Paradis, donné de pressentir par quelque palpitation spéciale d'un sens inconnu que nous révèle Dieu, un instant et par quoi nous vient la communication du séjour de destinée parfaite.

La joie, c'est quelque chose de la paix du cœur, quelque chose aussi de l'Amour du don. Ce n'est rien, je crois, du plaisir de l'action, ce n'est rien non plus d'intellectuel.

C'est une spiritualisation. C'est l'oubli de la terre. Ce n'est rien de violent, ce n'est rien de grand. C'est minime et discret, ça ne fleurit que dans le recueillement, ça n'éclôt que dans la pureté.

De toute mon âme, je souhaite que ne soient pas entreprises des études plus approfondies et complètes, tant que je vis.

Je suis si las de tout ce qui m'a mis en spectacle.

11

OBSERVER

Si observer c'est étudier, examiner, considérer avec une attention soutenue le monde et le comportement des hommes afin de les mieux connaître, c'est ce que l'Abbé Pierre a fait tout au long de sa vie.

Il a observé le monde d'aujourd'hui, mais aussi celui d'hier, avec lucidité et parfois avec humour.

Les sujets, plus ou moins profonds, sont variés. Il s'intéresse aussi bien au travail des étudiants pendant les grandes vacances en France et aux États-Unis, à la terre et à son devenir, qu'à la croissance, aux feux de forêt en été ou à la Sécurité sociale et ses malheurs…

Voilà que tout d'un coup s'écroule ce qui était devenu pour nous une idole : la croissance.

Elle avait si longtemps été le truc par lequel nous pensions pouvoir nous dispenser de chercher d'autres partages. Voilà que l'idole est renversée ! Mais de cette idole ne devenions-nous pas tous des esclaves ?

❧

Ne fallait-il pas, pour pouvoir avoir toujours plus, travailler, travailler au point de ne plus vraiment vivre, afin de pouvoir se procurer la dernière petite bricole dont la publicité nous persuadait qu'il fallait absolument l'acquérir, pour ne pas nous croire des arriérés, pour ne pas nous sentir humiliés par rapport aux voisins ! Voilà que tout cela s'est brisé.

Alors puisqu'il n'y aura plus, pour un temps, un gâteau plus large à se répartir, comment croire que la foule des plus petits, chez nous et à travers le monde entier, supportera d'être privée du peu d'espérance qu'elle avait, du temps de la croissance, l'espérance de la délivrance de ses misères ?

Oui, « la crise » sera ou bien provocation aux déchaînements des violences, ou bien abattement dans le dégoût de vivre, ou bien joie par cette autre façon d'employer le don du temps pour tous : apprendre à aimer.

Il va falloir inventer les moyens de rendre rentables des tâches utiles et qu'on néglige. Il n'est pas question, bien entendu, de revenir sur les progrès de l'automatisation. Si l'usine ne veut pas faire faillite, il faut qu'elle vende au même prix que le concurrent asiatique qui ne paie pratiquement pas de charges sociales. Pour créer ces tâches utiles, il suffit d'un peu d'imagination.

On nous parle tous les étés des incendies de forêt. Or on sait bien que ce ne sont pas les chênes ni les sapins qui brûlent d'abord, mais les broussailles. Jadis, avant qu'il y ait des machines, les ouvriers agricoles, qui n'avaient rien à faire pendant l'hiver, débroussaillaient. Aujourd'hui, on n'a plus besoin d'ouvriers agricoles. Du coup, on a de plus en plus de chômeurs enfermés dans des cages à lapins, des immeubles en béton.

Qu'est-ce qu'on fait sur la terre ? Il ne peut y avoir aucun remède à ces souffrances, à ces misères qui, certes, ont besoin de lois, de décisions de l'État... mais qui ont avant tout besoin d'amour. Notre civilisation est une coquille vide de son œuf. Elle ne sait plus ce qu'elle est...

Cette civilisation va vers du « Un », et la souveraineté des nations, c'est fini. Certes, il y aura des soubresauts, des crises, on verra s'instaurer des nationalismes dans d'anciennes colonies mais cela ne durera pas.

Au sujet d'Emmaüs :

Ce mouvement, vingt ans après son début en France, se trouve répandu à travers tous les continents. Cela s'est fait non pas par une initiative venant de Paris, mais par des initiatives spontanées prises par des personnes qui se trouvaient au milieu de populations en douleur, qui ont cherché des moyens d'action et qui, prenant connaissance de ce qu'était le mouvement Emmaüs, disaient : « C'est cela qu'il nous faut. »

À la clôture de ce rassemblement qui a adopté le manifeste universel d'Emmaüs, les journaux suisses avaient titré en gros : « Voilà que pour trois jours le plus haut sanctuaire politique des banques est devenu le Parlement des pauvres du monde. »

C'est pendant les moments terribles, comme celui de ce naufrage où tant ont péri, que l'on voit avec évidence, de manière poignante, la nécessité et la grandeur du sacerdoce, la fonction de celui qui est là pour ça : assumer toute cette souffrance et faire qu'elle prenne un sens par l'offrande. Il y a une mystique sacerdotale, d'ordre fondamental, naturel, nécessaire.

Quoi de plus inutile, de plus stérile apparemment que l'immensité d'étendue et de masse des glaciers ? Mais pense-t-on que, sans leur nécessaire action, la vie aurait disparu depuis longtemps dans les plaines et les vallées ? Au contact des cimes glacées, que l'on croit muettes, l'air se purifie, se rafraîchit, et redescend, neuf à nouveau, pour que la vie soit possible.

La vie d'un prêtre dans le monde actuel n'est pas la vie du curé d'Ars. Il est en ville, il ne peut pas mettre le nez dehors sans voir une affiche sexuellement provocante, et je ne parle ni de la radio ni de la télévision. Il se crève toute la journée, l'exigence spirituelle, les problèmes sociaux, et quand il rentre chez lui tout seul, il n'a ni détente ni réconfort. Le dialogue de l'amour lui devient un appel au secours qui n'est pas sans analogie avec la fidélité à la prière d'adoration.

Aujourd'hui, Emmaüs, c'est 350 groupes dans 37 pays, 104 communautés en France avec près de 4 000 personnes, plus une cinquantaine de comités actifs sans communauté. Tout cela est organisé à travers le monde partagé en grandes régions. En outre, un « manifeste universel d'Emmaüs », des statuts d'Organisation non gouvernementale (ONG) ont été rédigés, discutés, publiés.

J'aime dire maintenant : « Mes enfants sont établis. Je ne suis que le grand-père. »

Des exemples comme celui de mère Teresa sont tout à fait stupéfiants. Ce sont maintenant des milliers de jeunes filles qui se sont données au service des plus pauvres. En Australie, j'ai visité un des asiles pour les gens de la rue. Des Indiennes de la Congrégation des sœurs de mère Teresa servaient là des Australiens : des pauvres d'un pays riche étaient servis par des pauvres venues de l'un des pays les plus pauvres du monde, tellement nombreuses qu'elles avaient pu venir faire ce qu'elles faisaient.

Tout exemple, même tout petit, montrant que l'on choisit ce qui n'est pas le plus facile, ce qui n'est pas le plus égoïste, et qu'on le fait par amour, tout exemple de ce type, en fait, est contagieux. Il rayonne comme le mal. Car celui-là aussi est contagieux.

La condition faite en chaque société à la paysannerie est, en tous temps, un signe qui ne saurait tromper au niveau à la fois du bon sens et du courage d'un peuple, et particulièrement de ses gouvernants, comme de sa jeunesse et de ses maîtres en pensée. Cela est vrai autant dans les pays équipés et prospères que dans ceux qui abordent seulement aujourd'hui les problèmes de leur développement technique.

La Terre est la première pédagogue de l'homme. Mais que ses façons sont rudes !...

Et parce que c'est elle seule qui tient les promesses les plus nécessaires à l'homme, celles du lait de chaque matin et du pain de chaque jour, il faut bien que les sociétés humaines ne soient pas indéfiniment rebelles à son enseignement...

Fini aussi le temps de l'anticléricalisme actif. La guerre de 14-18 y a grandement contribué avec la présence de prêtres parmi les soldats, alors qu'ils auraient pu se planquer, puis la Résistance où se sont trouvés ensemble, risquant leur vie pour la liberté de tous, « celui qui croyait au ciel et celui qui n'y croyait pas ».

Aux États-Unis, il n'est pas rare de voir des jeunes « de bonne famille », comme on dit, exercer des travaux manuels, parfois salissants, et après le travail passer sous la douche et retrouver leurs amis bon chic bon genre, sans que personne pose la moindre question... Chez nous, la prison des conventions rend impensable que le fils de l'ingénieur devienne simple ouvrier... quand bien même son bonheur serait de l'être !

Sur mes cent vingt-trois neveux et nièces, il y a des P-DG de grosses entreprises multinationales et il y a de simples infirmiers et un veilleur de nuit. Dans l'asile où il travaille, il joue un rôle moral très important. Il y est heureux et sa famille elle aussi est heureuse. Je le répète : tous sont nécessaires.

Les solutions, il va falloir les chercher ensemble. Sinon, on s'épuisera à prévoir des « aides aux pays en voie de développement », des « revenus minimums d'insertion » pour que les hommes aient du pain, sans leur donner les moyens de vivre.

Oui, la Terre est l'école première de toutes les sagesses. Elle est parole de Dieu, parce que, aux uns comme aux autres, tout au long des siècles, à travers tous les événements, elle ne cesse de répéter que l'homme ne survit et ne s'accomplit qu'en étant solidaire. Dans sa grande tâche collective qui est le parachèvement de la création, la solidarité est nécessaire, chez les « trop riches » pour qu'ils ne soient pas tués par leur abondance, la solidarité de tous avec les trop pauvres pour les secourir et aussi dans les pays en développement entre les enfants des villages et un assez grand nombre de fils et de filles haut placés, pour la victoire contre les sous-productions.

Le mal du monde nous arrachera-t-il à notre incroyable étourderie ? Notre aveuglement par rapport à ce qu'il faut faire est de la même nature que celui de l'armée française au moment de la construction de la ligne Maginot. C'était génial, la ligne Maginot, mais il a manqué quelques kilomètres pour qu'elle aille jusqu'à la mer, et l'ennemi, pas si bête, dont on avait pourtant prévu tous les angles d'attaque, n'a eu qu'à faire le tour pour nous attaquer dans le dos !

S'il n'y a pas une révision complète du système, c'est insoluble. La Sécurité sociale ne pourra durer que si chacun est raisonnable, que si véritablement seul le nécessaire lui est demandé. Mais tant que cela n'est pas entré dans la tête des gens, c'est inévitable que la Sécurité sociale soit dans l'état où elle est : en péril ! Et là, nous rejoignons ce que vous dites du sens moral. Le sens moral qui, dans ce domaine précis, s'identifie avec le bon sens, tout simplement !

La Bible est vraiment tout un monde. Il y a des parties historiques, des parties mythiques qui expriment des choses que ressentaient ceux qui ont écrit à ce moment-là, avec des passages qui sont des splendeurs, et des récits d'horreur parfois attribués à Dieu… À travers tout cela, ce qui reste est la continuité de l'affirmation de : il n'y a pas « des » dieux. Il ne peut pas y avoir deux infinis, donc l'Éternel est sans limites dans le temps. Et là où il n'y a pas de limites dans le temps, il n'y a de limites en rien, il n'y a pas de limite d'espace.

Au long d'une vie, plus on avance, les yeux ouverts, refusant de se dérober aux énigmes de l'enchevêtrement de merveilles et d'horreurs qu'est l'univers de l'homme, plus on prend conscience que très peu de certitudes existent et que très peu de choses sont réellement importantes. Mais on découvre chaque jour davantage que ces rares certitudes représentent tout, et l'on voit que, de leur respect ou de leur mépris, dépend pour chacun, autant que pour la communauté humaine entière, que vivre ne soit qu'absurdité ou, au contraire, soit une montée jusqu'à une plénitude de lumière et de joie sans fin.

Au sujet de Tchernobyl :

Lors de la catastrophe, j'étais en Finlande, où nous formions une communauté dans les pays baltes. J'ai été surpris de constater que les directives, en ce qui concerne l'information donnée par Moscou étaient très libérales, très ouvertes, ils voulaient tout dire. Dans les journaux russes qui nous arrivaient, des pages entières montraient des enfants anormaux, des animaux estropiés, etc. C'était épouvantable. Paradoxalement, chez nous, les médias n'ont pas osé dire la vérité.

❧

Ma génération, celle de Mitterrand, président au début du conflit, a au moins une excuse... Malgré nous, nous ne pouvions pas nous défaire des souvenirs de 39-45. Époque où les « salauds » étaient les Croates. Avec les Oustachis d'Ante Pavelić, la force politique croate ralliée à Hitler a commis le pourcentage de crimes le plus grand de toute l'Europe. En revanche, les Serbes avaient été des alliés courageux. Donc nous avons porté un jugement instinctif, de mémoire, partial. Entre-temps, les choses avaient tellement évolué que le vocabulaire nazi, c'étaient les Serbes qui l'employaient. Nous sommes restés ankylosés dans des souvenirs qui n'avaient rien à voir avec la réalité. Comment avons-nous pu être aveugles à ce point ?

❧

12

TÉMOIGNER

L'Abbé Pierre a rencontré une multitude de gens et il les a tous écoutés, ce qui lui a permis de disposer d'une masse d'informations sur les hommes, la société, le bien, le mal, sur ce qui ennoblit l'humanité et ce qui l'avilit. À ce vécu, s'ajoutent ses sources livresques, et l'une et l'autre démarche s'enrichissent mutuellement.

L'Abbé Pierre a beaucoup témoigné de son expérience. Il a rapporté les paroles et les actes des uns et des autres. Servir la vérité fut pour lui une préoccupation constante.

Les pays du monde défilent, des sables du Sahara aux jardins Japon, de même que les époques et les individus, jeunes ou vieux, riches ou pauvres, médiatisés ou non. L'Abbé Pierre est le témoin attentif de la vie, de l'action, de la pensée, des doutes ou des espérances de ces hommes et de ces femmes, souvent de bonne volonté. De Robert Schuman à Coluche, en passant par les anonymes des rues, il donne à tous la parole et nous transmet leurs messages, leurs valeurs.

Pourquoi va-t-on au désert ? Pour moi, qui y ai déjà vécu trois mois, c'est à la fois pour la solitude dans l'immensité, pour un regard sur soi-même, minuscule et fragile, et pour cette sorte d'aspiration par ce vide vers une adoration, une faim d'adoration multipliée mille fois.

Ayant connu le Sahara des sables et des oasis de Beni-Abbès, je choisis d'aller là où fut tué le père de Foucauld, à Tamanrasset, à 2 800 mètres d'altitude : l'Assekrem, où il ne vécut que quelques mois.

Si j'avais su combien est éprouvant l'Assekrem, je n'aurais sûrement pas osé le désirer, ni demander l'accord des médecins. Mais quelle stupéfiante et écrasante merveille. Ce n'est plus le sable des dunes : le tout n'est que seul noir volcanique, traversé de jets de montagnes de 400 à 500 mètres de haut, qui semblent faites de lave solidifiée en l'air. Je ne peux rien dire. Je ne peux qu'en dire : « C'est beau. » Mais je sens que je suis ici devant une « démesure indicible ».

Au sommet du plateau, il y a cinq ermitages, à une demi-heure de distance les uns des autres, cabanes de pierres entassées avec une minuscule chambre et un oratoire plus minuscule encore.

Ces huit jours auront été une grande grâce pour ma vieillesse. La sorte de chaos de l'horizon me rappelait de façon harcelante toutes les tueries et les catastrophes du monde. La solitude me faisait, devant Dieu, repenser sans indulgence à tous les pas de ma vie.

J'ai connu des jours de joie merveilleuse au milieu des communautés : en France, au Chili, au Japon, en Uruguay... Partout, volontaires et amis d'Emmaüs travaillaient avec des jeunes des quartiers défavorisés ou avec des hommes cabossés par la vie. Ils ne travaillaient plus pour un misérable salaire ni pour produire de quoi améliorer encore la condition de vie des nantis. Dorénavant, ces pauvres et ces « déclassés », que les gens distingués ont vite fait de qualifier de paresseux, voyaient l'utilité directe de leur travail.

Dans la fièvre des activités des multitudes agitées, l'air s'emplit de mille miasmes, à la longue mortelles, et en même temps, voici que l'air s'échauffe. Alors, par l'ordre de la nature, cette atmosphère de plus en plus chaude et intoxicante s'élève et voici qu'au contact des cimes glacées et, croit-on, muettes, elle se recrée, se purifie et, rafraîchie et neuve à nouveau, elle redescend pour faire vivre. Certes, ce n'est là que symbolique image. Mais elle peut guider le regard de notre intelligence vers ces autres efficacités que celles apparentes...

Mon vœu le plus cher pour l'an 2000, c'est la paix dans la justice mais je reconnais que ce n'est pas facile. Tout ce « tam-tam » fait autour de l'an 2000 n'a pas grand intérêt. Cela distrait des vrais problèmes car les gens continuent à crever de faim. L'arrêt d'une guerre, une catastrophe, ce sont des événements. Mais l'arrivée de l'an 2000, ce n'est pas un événement, c'est une journée comme les autres. Un de nos compagnons chiffonniers me disait : « Si j'ai mal aux dents cinq minutes avant l'an 2000, j'aurai toujours mal cinq minutes après. »

Jamais de ma vie, je n'avais vu d'expulsion : le mobilier, la table de cuisine, le berceau du bébé, le linge, la vaisselle, tout jeté pêle-mêle sur le trottoir, dans la boue, dans la neige fondue. Quoi que dise la loi des hommes, cette brutalité inique viole une loi plus profonde, qui nous engage tous : la loi de Dieu. Une société qui l'oublie est une société maudite !

Au sujet du général de Gaulle :

Je crois que la volonté de grandeur, cette obstination à être le premier, ce souci d'accomplir une tâche exceptionnelle, ce caractère pour conduire les affaires de son pays, cet orgueil, trouvent sa source dans cette épreuve terrible, celle de l'infirmité de sa petite Anne. Comme s'il avait un compte à régler avec ce destin qui l'atteignait dans ce qu'il y a de plus intime. Même pendant les périodes les plus absorbantes, il savait consacrer du temps à sa fille.

Après toutes ces années de combats et de luttes pour améliorer le sort des hommes, je pense que l'œuvre pour la paix et la justice dans le monde a encore de beaux jours devant elle. Je ne suis pas sûr que l'homme réussira.

En vieillissant, peu à peu, on prend conscience d'un devoir. D'abord on résiste, parce que cela semble présomptueux... et puis revient avec insistance, au-dedans de soi, une voix qui dit : « Avant de nous quitter, dis-nous ce que tu sais. »

Si aujourd'hui je ne me soumettais pas à cet appel, j'aurais le sentiment d'enterrer le talent d'une existence. Non pas les mérites de ma personne, bien sûr, mais ce que les circonstances de la vie dans laquelle j'ai été trimballé m'ont fait comprendre, souvent après bien des résistances.

Un ami africain, qui a été ministre dans son pays, me disait : « Soyez raisonnables. Vous êtes venus coloniser l'Afrique. Ce n'était pas criminel dans la mesure où il y avait tellement de terres incultes et de matières premières que nous n'avions pas les moyens d'exploiter nous-mêmes. Vous êtes venus mettre en valeur nos propres richesses naturelles. Vous en avez fait votre beurre, bien sûr. Mais cela, on peut l'admettre puisque personne d'autre ne l'aurait fait. Eh bien, aujourd'hui, puisque les autorités de Bruxelles ordonnent de laisser en friche certaines terres, laissez-nous venir les cultiver ! Pas pour le commerce, mais pour manger, tout simplement. Ce serait la moindre des choses. »

Il nous faut des contagieux. Aucune valeur humaine ne peut grandir et se transmettre sans contagion. La contagion est une manière d'être, qui va de soi, comme celle des parents qui accompagnent l'enfant dans son éveil à la vie. Le contagieux, c'est celui qui sait voir les horreurs du monde et ses merveilles, qui ne peut pas supporter les horreurs et qui cherche les solutions pour qu'il y en ait moins. Celui-là peut être entendu parce qu'il a agi.

L'homme politique, techniquement compétent, peut bien intervenir pour « l'accès à tous », « la lutte contre la misère », « l'action concertée contre le chômage », mais si, tout en parlant, il ne pense qu'à sa partie de golf du lendemain, il ne sera pas entendu. Pour convaincre, les arguments sont nécessaires. Mais les actes le sont davantage.

Au sujet de Coluche :

Nous nous sommes rencontrés quelques mois avant sa mort, sur le champ de bataille de la faim. À la demande de sa mère, j'ai célébré ses funérailles. Si la jeunesse le pleure, c'est pour le remercier d'avoir démasqué l'hypocrisie de notre société bien élevée : il était un témoin qui dénonce et agit. Et c'était un authentique « communiant ».

Toujours au sujet de Coluche :

Cet homme, un homme comme tous les hommes, avec son paquet de défauts, de péchés et de qualités, pour tous ces jeunes, c'était l'homme du courage, de la vérité. Il a été le fou des rois. Il aurait pu l'être non grossièrement. Alors il aurait été le saint Jean-Baptiste. Il était à sa manière un témoin. Ce n'était pas un saint. Mais des gens non canonisés, je suis convaincu qu'il y en a beaucoup au Paradis, s'ils méritent d'y aller. Je disais à sa maman dans le télégramme : « Dans la foi, dans l'espérance, dans la prière, soyons sûrs qu'avec tous ceux qui veulent vivre pour aimer, nous nous retrouverons. »

L'immigration pourrait être une chance pour la France. C'est la solution... Ça supposerait la conversion de la France. Un jour, dans une famille, on me questionnait sur ces problèmes de racisme et je répondais que c'était se tromper de colère ! C'est parce qu'on n'alimente pas les colères par leur véritable objet que les énergies humaines vont se trouver des boucs émissaires qu'on incrimine pour tout ce qui ne va pas. Se tromper de colère. Il faut pouvoir faire comprendre aux gens qu'ils se trompent.

C'est en toute sérénité que je pense à la mort. J'avais pris l'habitude de dire, avec un ami qui était en train de mourir, « Je vous salue Marie » en remplaçant les derniers mots « maintenant et à l'heure de notre mort » par « maintenant et à l'heure de la rencontre ». J'ai raconté ça à une journaliste et j'ai reçu une lettre d'engueulade d'un vieux prêtre qui avait lu son article : « Quel culot d'oser parler de la rencontre ! Comme si vous étiez sûr que ça se passe bien. » J'aurais dû lui répondre : « Que ça se passe bien ou pas, c'est la rencontre, de toute façon ! »

Robert Schuman est pour moi le meilleur exemple de l'homme politique fait pour faire de la politique.

Il est arrivé au Parlement, alors qu'il était jeune avocat, il y est resté jusqu'à sa mort en occupant les plus hautes charges. En quarante ans de vie politique, il ne s'est pas enrichi d'un centime. Sa seule richesse étant une exceptionnelle bibliothèque franco-allemande, parce qu'il avait été à l'école primaire allemande de Metz et se passionnait pour l'Europe. Quand on le nommait ministre, il était à son affaire.

Il ne peut y avoir de salut, c'est-à-dire la rencontre de cet appel en nous avec l'Éternel, qui est amour, si, devant le mal, devant l'exploitation du plus faible, écrasé, exploité, il n'y a pas la colère. La colère révèle ce qui est aimé… La colère se manifeste là où est ton amour. L'âge ne change rien à l'affaire, on n'est pas moins en colère en vieillissant. On peut être moins actif, avoir moins d'énergie, mais on n'en aura pas moins les mêmes passions, les mêmes révoltes, les mêmes colères.

Tous les soirs, jusqu'à deux ou trois heures du matin, on parcourait les rues et on découvrait tous les jours un plus grand nombre de ces gens désespérés. Tous les jours, un plus grand nombre, parce que plus le froid s'aggravait, plus nombreux étaient ceux qui, réfugiés d'ordinaire dans des caves, des greniers, des hangars sans feu, disjoints, sentaient le froid de la mort les saisir et se levaient pour taper de la semelle par les rues plutôt que de périr inertes.

13

RÉFLÉCHIR

Les philosophes patentés n'ont pas l'apanage de la réflexion. Réfléchir, c'est chercher, penser, se concentrer et s'interroger ; c'est se mettre à l'écoute de tout et de tous, de ceux qui s'expriment comme de ceux qui sont incapables de le faire, pour procéder à une médiation, un examen.

Après s'être entraîné à la méditation dans la solitude des cellules monacales et s'être immergé dans diverses populations du globe, l'Abbé Pierre peut se livrer à la réflexion sur des sujets aussi variés que la liberté, la foi, le service civique, mais aussi la recherche spatiale.

Je n'oublierai jamais ce mot d'un ministre péruvien, ami très cher, mathématicien éminent et agnostique. Un jour, il me dit : « Si l'on a un regard lucide sur la vie, il n'est pas d'autre choix qu'en cette alternative : le mystère ou l'absurde. » Il était conscient que l'absurde conduit à la désespérance et que le mystère, reposant en la foi sur l'Éternel caché qui est Amour, peut être source d'espérance.

La liberté, c'est grave, cela nous rend responsable. Et c'est merveilleux. Cela rend capable d'aimer. Cela fait d'un homme comme toi, que tu aies ou que tu n'aies pas la foi, un homme capable d'aimer. Eh bien, moi, cela me suffit. Cela valait le coup que le bon Dieu prenne le risque des « vacheries » que la liberté avait entraînées. S'il n'y avait pas de liberté, il n'y aurait pas de Kouchner. Parce que ce n'est pas sous la menace que tu t'en vas faire ce que tu fais, c'est librement !

❧

Toute la pensée humaine relative au « matériel » est science. Il est un autre domaine dans lequel nous vivons, celui que j'appelle la marque en creux dans la cire. Tout ce qui nous manque est d'une autre nature que le nombre et la quantité.

❧

Certains disent : « Je ne crois pas en Dieu. » Je pense que ce sont des formules dont il faut absolument se libérer, parce qu'elles enferment dans une position. D'autant que le mot « athéisme » est un « non-mot ». Il faut rester très libre au-dedans de soi à cet égard. Ne pas accepter d'être captif.

❧

Ce qui permet de lier liberté et égalité, qui ont tant de mal à cohabiter, c'est la fraternité. Grande oubliée de l'histoire contemporaine, elle est la pierre d'angle sur laquelle peut se construire un nouveau pacte social républicain, unissant religieux et athées. La fraternité implique un engagement libre des individus en vue d'une véritable équité sociale.

❧

Les rites fondamentaux – la consécration, l'élévation – sont très simples. Par eux-mêmes, ils sont parlants. Ainsi, avec l'Eucharistie, le sacrifice est offert à partir de ce qui est le plus élémentaire : le vin et le pain. Jésus a consacré ce qui était là, sur la table.

Aujourd'hui, il faut inventer. Fini le temps où la foi, c'était ce qui se faisait : il y avait une pratique religieuse, comme il y avait une manière de s'habiller, de se tenir en société.

Devenant religion officielle de l'Empire romain, le christianisme perdra vite une grande partie de sa force vivifiante, pour devenir une religion institutionnalisée avec ses codes, ses magistères, ses mitres et ses interdits… qui vont contribuer à l'étouffer.

Cette confusion du spirituel et du temporel permet de mieux comprendre comment cette religion de l'amour s'est transformée parfois en doctrine de haine et de violence, aux antipodes des Évangiles. Notons toutefois qu'il se trouva, tout au long des siècles, d'authentiques croyants pour dénoncer ces égarements.

Mais ces compromissions et ces ambiguïtés demeurent encore très lourdes dans l'Église d'aujourd'hui.

Si ce renoncement n'était pas volontaire, le célibat n'aurait pas de sens : il ne serait que la négation de la femme en soi, et de tant d'autres précieuses valeurs : valeur du couple, épanouissement de soi-même. On ne peut renoncer à la plénitude de la vie conjugale que parce que l'on répond à un réel appel, parce que l'on est en impatience, de toutes ses énergies, tendu vers ce que Jésus appelle pour tous, mariés ou pas, le royaume de Dieu, dans une communion de tous les humains, et d'abord les délaissés, les oubliés.

La seule expérience communautaire proposée, imposée à toute la jeunesse, est l'expérience militaire. Ne serait-il pas intelligent de fonder davantage la nation sur une autre expérience communautaire, celle-là tout entière constructrice, celle d'un service civique ?

L'égalité contre la liberté a donné naissance à la société communiste égalitaire, c'est-à-dire au totalitarisme d'État. La liberté sans l'égalité a donné le libéralisme, dont nous mesurons chaque jour le caractère profondément injuste.

L'homme est à l'image de Dieu en creux, car tout ce qui crie en lui, tout ce qui appelle au-delà de cette loi naturelle faite d'instincts brutaux, c'est un choix. Il n'y a pas de générosité d'instinct.

S'il n'existait pas dans le cosmos ce petit bout de rien du tout qui est l'homme, avec une liberté qui lui permet soit, égoïste, de piquer tout ce qu'il peut trouver, quitte à ce que ce soit au détriment des autres, soit de s'efforcer d'aider les autres à avoir une vie plus belle, s'il n'y avait pas de ces êtres-là qui ne sont qu'une poussière infinitésimale dans le cosmos, la totalité du cosmos serait absurde.

S'il n'y avait pas, quelque part, un point culminant où il y a du « libre » capable d'avancer – c'est ce que j'appelle, moi, l'adoration –, la vie serait absurde...

J'ai souvent eu des discussions profondes avec des instituteurs anticléricaux. En fait, ils avaient mis toute leur foi dans le progrès de l'humanité. Ils me trouvaient pessimiste à cause de la théorie chrétienne du péché originel qui considère que l'humanité est comme blessée, cabossée. Eux, au contraire, croyaient en l'homme et s'attendaient à des lendemains radieux placés sous le signe du progrès technique et scientifique.

Il faut continuer à investir de l'argent dans la recherche, et – pourquoi pas ? – dans la recherche spatiale. Mais pourquoi gaspiller l'argent dont on a tant besoin en conservant des laboratoires pour chaque nation alors qu'ils font les mêmes travaux ? Chacun garde jalousement le secret et tout le monde y perd et son temps et son argent. Que la communauté scientifique mondiale soit donc comme une grande famille où tous cherchent ensemble !

Tandis que l'Est, depuis longtemps, a préparé l'esprit de ses peuples – et spécialement de sa jeunesse – à faire don de soi pour un tel combat, sans grand salaire, sans grand confort, sans grande perspective d'avancement, dans la passion de se mêler aux groupes, dans le besoin de susciter le soulèvement de leurs énergies, l'Ouest laisse vacante en sa jeunesse cette faim de se donner qui est naturellement au cœur de toute jeunesse humaine, lui substituant le calcul et la confiance…

14

ANALYSER

Analyser c'est se livrer à un examen minutieux, afin de dégager des éléments qui permettent, sinon d'expliquer, du moins d'éclairer une situation donnée.

C'est aussi s'analyser afin de mieux se comprendre, de faire un point sur sa personnalité, sur les sentiments que l'on éprouve. Étendre cette analyse aux autres permet de remonter aux sources de ses engagements, de ses actions.

Un jour, alors que j'étais dans le train quelque part entre Berck et Boulogne, une dame me demande ce que je veux faire plus tard. J'ai alors répondu : « Je serai marin, missionnaire ou brigand ! » Avec le recul, la vie ne m'a-t-elle pas permis de réaliser ces trois vocations : d'abord comme aumônier de la Marine, à la fin de la guerre ; puis missionnaire à travers les fondations Emmaüs établies sur tous les continents et, enfin, pour nombre de braves gens, plus ou moins suspect d'être brigand pendant la Résistance, ou en accueillant des compagnons considérés comme peu recommandables ?

Au sujet de la naissance du mouvement Emmaüs :

Il s'est passé quelque chose d'extraordinaire parce que quelques phrases ont été lancées, comme ça, à l'improviste, par surprise. Ces paroles étaient banales, ordinaires. Quand on les relit, on s'étonne de leur simplicité. Des paroles, cent fois répétées par d'autres, autrement qualifiées, mais qui n'avaient pas eu d'écho.

Chez les scouts, à quatorze ans, j'ai été *totémisé* « Castor méditatif ». C'est assez extraordinaire de réalisme et de prévision, ce surnom, alors que je devais passer tant de ma vie à bâtir, et tant de ma vie à méditer. L'enchevêtrement en moi de la rumination et de l'action, le besoin d'agir et le besoin de temps de solitude, tout cela a toujours été très fort, même si se manifestait plus d'impatience d'action.

Quand Jésus parle du Jugement dernier, il dit : « J'avais faim, j'avais froid, j'étais nu, j'étais emprisonné. » Il ne dit pas un mot sur les sacrements, pas un mot sur les vertus, mais il dit : « Tu as partagé ou tu n'as pas partagé ? C'est sur cela que tu es jugé. » Ça ne veut pas dire que les sacrements, les vertus, sont inutiles ; mais ce ne sont que des moyens pour apprendre à aimer, le but étant : tu aimeras. Voilà qu'on a donné aux moyens autant d'importance qu'au but, et même, on s'est davantage soucié de voir respecter les moyens !

La participation à la messe du dimanche n'est pas une prescription du Christ. Ce n'est que l'une de ces règles que l'Église, petit à petit, a établies. Souvenons-nous que le mot « église » ne veut pas dire « communauté » (sous-entendu : « d'intérêts ») ; il veut dire « assemblée » : réunion de personnes pour un motif commun. Il est indispensable qu'il y ait des assemblées, vivantes, comme celle à laquelle j'ai assisté il y a trois ou quatre ans, dans le Sud-Ouest. L'Eucharistie y a été extraordinaire, véritablement créatrice de joie et d'enthousiasme. Le but était atteint.

15

DÉNONCER

Dénoncer, c'est avant tout « faire savoir officiellement ». Depuis l'hiver 54, l'Abbé Pierre n'a cessé de dénoncer haut et fort ce qu'il a considéré comme condamnable, scandaleux, infâme ou injuste. On peut donc affirmer qu'il a consacré sa vie entière à dénoncer les dysfonctionnements afin que, de réaction en réaction, le sort de l'homme et du monde s'améliore.

On se gargarise avec le « formidable Abbé Pierre » et on s'en contente. Le reste ? On ne fait rien... On crée un culte et, à l'occasion de ce culte, on oublie le plus important : les familles et les gosses sous la tente.

Il y aura chaque hiver le « scandale des sans-logis » et chaque été la « violence des banlieues ».

Pourquoi quitter la vie publique ? Parce qu'il est quasi impossible d'y témoigner sans hargne, parce que la tactique, nécessaire, y étouffe, ou y vicie l'affirmation totale.

Juin 1951

Mes amis, au secours ! Sous Hitler, beaucoup ont pu dire : « On ne savait pas. » Si on dit cela aujourd'hui, on ment. On sait. Et l'on n'a rien fait. Là-bas, tout seuls, ils ne peuvent plus ; ni pour le retour politique à la vraie paix, ni pour le secours urgent de chaque heure. Il faut l'action de tous ceux dans le monde qui sont capables des colères du vrai amour… Cette attente du regard des mourants restera-t-elle trahie ? Ils demandent du lait, des suraliments, des remèdes, de l'argent. Et nous, nous gaspillons tant, nous tous.

Après l'insurrection de la bonté et du bon sens, si ne se réalise, avec la force et la promptitude nécessaires, l'insurrection de la justice, alors ce seront, inévitablement et simultanément, les insurrections de la colère et les dégénérescences du dégoût…

Permettez-moi, avec toute ma respectueuse et cordiale sympathie, de vous crier, à vous qui êtes, en ce jour anniversaire du soulèvement de voici deux ans, investi, comme rarement président le fut, de la confiance et de l'espérance populaires, permettez-moi de vous crier : « Au secours ! Délivrez ce pays de quelques mensonges mortels, meurtriers, sous lesquels, depuis si longtemps, on le mutile et l'écœure. »

Peut-être la condition faite aux vieillards – aux anciens qui persévèrent dans la survivance au-delà du temps où ils eurent assez de force pour plus ou moins bien, plus ou moins sagement, plus ou moins efficacement se défendre et obtenir un minimum d'égards parce qu'ils étaient productifs...

... peut-être la condition faite à nos vieux (tout comme celle faite à la faiblesse et à l'improductivité des tout-petits et des souffrants...

... peut-être l'attitude envers ceux-ci est-elle l'un des indices les plus valables, les plus authentiques, qui ne trompent pas, auxquels mesurer (bien au-delà du rythme de diffusion des frigidaires et autres excellentes bagatelles) le degré et la qualité réels de la sauvagerie ou de la civilisation d'un monde. Où en sommes-nous en cela en nos pays industrialisés et orgueilleux de leurs trouvailles ?

Nous devons avoir horreur de la violence, nous qui l'avons connue, qui l'avons vécue quand il n'y a pas eu d'autres moyens de sauver des innocents. Mais nous savons comment, même victorieuse, elle laisse blessé celui qui y a été contraint. Nous avons raison d'avoir horreur de la violence, mais le temps est venu où il nous faut prendre conscience qu'il n'y a pas qu'une sorte de violence.

Je suis blessé de la blessure du chômeur, de la blessure de la jeune fille à la rue… Comme une mère est malade de la maladie de son enfant. Voilà ce qu'est la charité, dira-t-on avec un sourire un peu méprisant, car le mot, déprécié, évoque les « bonnes œuvres » des belles dames riches d'autrefois. Mais être charitable, ce n'est pas seulement donner, c'est avoir été, être blessé de la blessure de l'autre. C'est aussi unir toutes mes énergies aux siennes pour guérir ensemble de son mal devenu le mien.

Si la politique n'inclut pas cette charité-là, elle est infirme, boiteuse, inefficace.

Ayant pour nos « vieux », par tant de progrès thérapeutiques et médicaux, prolongé la durée des ans, nous avons du même coup prolongé celle des délaissements dans la mesure où nous les entourons trop peu.

Puisse chacun regarder ce que vaut son âme, son être, dans ce miroir, le miroir de ce comportement-là : face à ce critère de la part qu'il donne de son temps, de ses biens et, plus que tout, de son cœur, aux vieillards. Ce miroir ne trompe pas. Et chacun, ayons le courage, dans la mesure où nous aurons senti, en cette réflexion, que nous le méritons, de nous traiter de faux civilisés et de partiellement sauvages !

Il y a en France 400 000 « sans domicile », dont 40 000 à Paris et dans sa région ; il y a 20 000 filles de moins de vingt-cinq ans qui dorment la nuit dans les asiles ! En moi, ça explose, car notre pays a tous les moyens pour bâtir les logements indispensables : main-d'œuvre, technique, matières premières... Et il y a les sous ! Mais le budget de l'État ne prévoit pas le partage...

L'alcool fait pire que tuer. Il avilit. Il n'avilit pas seulement celui qui se livre à ses désordres : il avilit les autres, par la plus sournoise, la plus irrémédiable, aussi, des contagions : celle de l'hérédité.

Quand une nation – que l'on dit intelligente et courageuse – non seulement ne fait rien de sérieux pour se garder et se guérir de l'alcoolisme, mais le laisse s'accroître pour les profits financiers de quelques-uns et sous la pression de ceux qui en retirent la plus misérable des popularités politiques, quand une telle nation ne sait plus que rire ou se moquer de la dégénérescence qui lui vient ainsi, c'est assurément qu'elle est abandonnée aux mains de responsables bien veules...

La France, qui est l'un des pays les plus riches du monde, est pareille à un magnifique champion qui a un chancre à la jambe. Comme ça ne se voit pas et qu'il est toujours aussi beau et fier de lui, on ne s'occupe pas de son abcès. Les 40 000 « couche-dehors », c'est le chancre à la jambe du champion. Et le champion court le risque d'en crever.

16

AGIR

Si on lit les nombreuses biographies de l'Abbé Pierre et que l'on consulte ses interviews et ses prestations télévisées ou radiophoniques, on ne peut manquer d'être frappé par la place importante qu'il accorde à l'action.

Cette suractivité va d'ailleurs de pair avec une pratique fervente de la méditation. Les deux attitudes sont *a priori* antinomiques pour le commun des mortels, mais pour l'Abbé Pierre elles sont complémentaires et se nourrissent mutuellement.

Agir, quelle folie, quel enivrement dans l'action. Et quelle plénitude d'action que l'action intérieure. Oui, cette fois, j'ai compris la vie intérieure... l'action par excellence.

5 janvier 1929

Dans les Carnets intimes[1] *qu'il a rédigés tout au long de son adolescence, l'Abbé Pierre réfléchit notamment au sens qu'il veut donner à son existence. Voici les résolutions qu'il prend au seuil de l'année nouvelle (6 janvier 1929) :*

Je résumerai ainsi ma vie pour 1929, ce matin :
a/devenir un saint ;

1. *Op. cit.*

b/avoir mon bac de « rhéto » ;

c/réaliser la hausse morale (et scoute) des Cigognes. La prouver. Laver nos quartiers de noblesse ;

d/soutenir, grandir Irigny, y faire du bien nouveau ;

e/aider les autres, après toutes ces choses, dans l'ordre marqué.

L'avenir m'apparaît si vaste ! Rôle politique... Oh ! Cette France, lutter pour la relever, arriver, être chef. Après avoir longtemps songé, médité, pensé ses destinées, son avenir, son meilleur bien, m'élancer la tête riche d'idées solides, le cœur embrasé d'ambition pour elle, exemple vivant de sainteté, de vie chrétienne, de beauté, d'amour, entraîner à ma suite tout ce qui respire encore la gloire chez nous, chasser la honte et le mal, et tout ce qui est bas, en prendre la place, diriger, lancer le pays vers un avenir digne du passé, ta croix pour signe, ton nom pour drapeau, refaire une France chrétienne, une France française, assumer l'avenir, et puis mourir dans l'enivrement d'avoir rempli une vie, d'avoir fait, moi comme ceux de jadis, don d'un geste, laissant la place à quelque autre digne de continuer...

Il va falloir, plus que jamais, faire preuve d'imagination, d'une imagination respectueuse du réel.

Un ami américain m'a dit, mi-sérieux, mi-blagueur : « Un jour viendra où, lorsqu'il y aura surproduction alimentaire, on trouvera un truc pour envoyer ces surplus vers l'Antarctique, qui deviendra le frigo de l'humanité. »

17

ESPÉRER

L'espérance, l'une des trois vertus théologales, est au cœur de la vie de l'Abbé Pierre, garante et moteur de ses actions.

Nourrie de lectures, celles de l'Évangile ou de la Bible, entretenue par la méditation, elle irradie l'œuvre et se communique à tous les lecteurs interpellés directement, afin qu'à force d'espérer un monde meilleur les hommes crient : « Tu peux, toi aussi, faire quelque chose ! »

Est-ce que ce ne serait pas magnifique si, demain, la guerre consistait à se bombarder avec des chèques pour soulager la misère de l'adversaire et le convaincre que celui qui a envoyé le chèque est meilleur que son gouvernant, au lieu de s'envoyer gratuitement, sans facture, des bombes, des torpilles et tout le reste ?

❧

Comme la tente, la vie c'est pour la nuit qu'on la monte. La vie, c'est la tente passagère, et autour d'elle c'est la nuit. Avant, après, c'est le jour. Le ciel, c'est ce jour de la patrie…

Mes pas sont laids, ma route est belle. Le ciel est ma patrie où je vais en mourant.

12 avril 1932

❧

Jubiler, alors qu'il faut attendre en longues, quotidiennes solitudes, même si l'on a le privilège de ne pas être privé d'affectueuses bontés des plus jeunes, mais que tout appelle sans cesse ailleurs.

Oui, cela existe. Oui, cela est possible. À la condition qu'une bonne fois (et c'est chaque jour à renouveler, bien sûr) l'on se fasse attentif à tant d'instants qui, au long de la route, quelles qu'aient été les douleurs que l'on a connues et vécues, nous ont été les douleurs que l'on a connues et vécues, nous ont été des signes. Signes de ce que « nous sommes aimés ! » avec plus d'amour que jamais nous n'avons su en recevoir ou en donner.

Dans l'Évangile, il y a une histoire parmi tant d'autres dont je crois qu'il faut savoir déchiffrer les leçons. C'est l'histoire du denier à César. Si le Seigneur disait de payer l'impôt, on disait : « C'est un anarchiste. » C'est un peu ce qui m'arrive aujourd'hui. Si je refuse ce don parce qu'il vient des partisans de la paix, on va dire : « Vous voyez bien, sa charité est politique, il préfère avoir moins, pouvoir moins aider les gens que de recevoir de l'argent qui vient de ceux qui n'ont pas la foi. » Mais si j'accepte, je le sais, il y aura des gens pour dire : « Il sert aux malheureux de la soupe rouge. » Ce n'est pas que je n'aie pas la foi, que je n'ai pas mes opinions, je ne pourrai les communiquer qu'à des vivants et pas à des cadavres, et que Notre Seigneur, s'il était là, ferait ainsi en distinguant entre les opinions et le pain pour ceux qui ont faim.

Respecter l'homme malheureux. Lui inspirer confiance. La mériter. Respecter son secret, sa pudeur car son passé ne nous appartient pas. Respecter sa liberté religieuse : ne pas lui faire chanter des psaumes en échange de la soupe. Ce serait le dégrader.

Restituer à l'homme sa dignité : voilà le grand secret ; sans lequel aucun de ces chiffonniers ne ferait ce qu'il fait, ne vivrait dans les conditions préhistoriques des champs de gadoue : ainsi Dieu sera dans son travail, et un jour où l'autre, sans que nous y intervenions par le dehors, entrera dans son cœur réconcilié.

On peut se demander, en voyant le nombre impressionnant de personnes qui souffrent sur cette terre, pourquoi elles consentent à continuer de vivre. Elles-mêmes ne l'expliqueraient pas avec des mots. C'est un autre domaine, à la fois mystique, mais aussi très concret, très réaliste. Je disais hier à un malade : « Souris à ceux qui t'apportent tes médicaments. Donne quand ce ne serait que ça. Tu leur auras peut-être offert un surcroît d'énergie pour accomplir des devoirs difficiles, eux qui peuvent bouger. Toi, dans ton immobilité, pense que toute offrande rejoint l'infini. Même dans la maladie, dans l'évidence que l'on ne peut plus rien, qu'on ne fera plus rien… tu peux toi aussi faire quelque chose ! »

Pardonner, oui. Parce que nous ne savons jamais quel est le degré de culpabilité. À quel degré Hitler n'était pas un fou ? Nous n'en savons rien. Prenons des précautions pour que cela ne recommence pas. Le pardon, oui. Mais n'oubliez pas. Et pour ne pas oublier, il faut faire savoir à son tour. Pour faire savoir, il ne faut pas accepter d'oublier.

Actuellement, à travers le monde entier, il y a des forces néonazies dans le courant desquelles un mouvement comme celui de Le Pen est embrigadé. Pour dire : « Plus jamais la haine, plus jamais l'Holocauste, plus jamais l'horreur », il ne faut jamais oublier.

Je garde, avec Teilhard de Chardin, une certitude. Je constate, même sans être un philosophe ou un scientifique, qu'à travers les tragédies qui ne cessent d'empirer, l'humanité converge vers du « Un ». On a commencé à se battre entre voisins à coups de cailloux, puis on s'est groupés en familles. On s'est battus entre familles, puis entre clans, entre tribus, entre nations. Chaque fois, on s'est unis. Se sont ensuite constituées des fédérations de nations. Les États-Unis ont réussi la leur. Après bien des querelles et des désaccords, l'Europe est en train de se concrétiser. On va vers du « Un ».

Dans un village africain, un orphelin n'est pas seul : il devient le fils de l'oncle, c'est tout simple. Mais regardez ce qui se passe dans ces grands immeubles de nos villes... J'ai habité pendant vingt ans au dixième étage d'une tour HLM à Charenton. Il y avait un ascenseur – à quatre-vingts ans, Mlle Coutaz en avait besoin ! Mais quand les gens le prenaient, ils ne se parlaient pas, ou à peine. Le temps passé ensemble est si court qu'on ne peut qu'échanger des banalités. C'est ainsi qu'on peut vivre des années sans rien savoir de ceux qui habitent les cinquante autres appartements de la tour !

Elles sont terribles, ces solitudes-là. D'autant plus terribles qu'elles font peur. Il faut admettre qu'il est dévorant, l'appel du solitaire, car il vit, au plus aigu, la privation d'espérance. L'espérance, j'y reviens, vient du lien, de la relation avec les autres, de l'attention que l'on porte à ceux et à celles qui vous entourent.

Et, tous, nous nous culpabilisons quand nous nous sentons impuissants devant ces solitudes intimes. Pourtant, il ne le faut pas, car nul ne peut savoir comment y répondre. Il n'y a pas de conseil, il n'existe aucune recette pour aider quelqu'un à s'en sortir. La réponse peut venir de quelque inspiration intérieure, d'une chiquenaude.

18

CONFIER

Tout au long de sa vie, l'Abbé Pierre a été interrogé par des proches – neveux, nièces, amis et compagnons – ou par des journalistes. Ses confidences sur sa vie privée, franches et sincères, sont dépourvues de toute forme d'hypocrisie et l'honorent.

C'est quand il parle de la fin de la vie que l'Abbé Pierre nous livre ses révélations les plus percutantes. La mort, qu'il a approchée de près à plusieurs reprises, est chez lui l'objet d'un discours viatique. Rescapé d'un naufrage ou convalescent, l'Abbé Pierre déplore que la « rencontre » qui inaugure le temps des « grandes vacances » n'ait pas eu lieu. Ces confidences, qui nous donnent de la mort une image étonnamment valorisante, sont infiniment précieuses.

Un jour, je me retrouve sur un banc à côté de Mgr Gaillot, pour manger un sandwich. C'était pendant la fête des cinquante ans de la JOC. Il se penche vers moi : « Expliquez-moi un mystère... Moi, dès que je dis un mot, on me tape dessus. Vous, vous en dites dix fois plus, et ça passe très bien !

– Premièrement, c'est que je ne suis pas évêque. Deuxièmement, je crois que le bon Dieu m'a donné une espèce d'instinct de l'insolence mesurée. Je sens jusqu'à quel point je peux gueuler. Au-delà, je me ferais plaisir mais ça ne serait pas efficace parce que ceux à qui je m'adresse ne sont pas prêts à en entendre plus. »

❧

Cela a été sûrement l'un des moments les plus importants de ma vie. En mendiant, j'avais l'impression de changer le monde. J'avais aussi l'impression d'un départ dans une immense solitude.

❧

J'ai éprouvé un certain sentiment de satisfaction à faire des choses folles, dangereuses, parfois imprudentes. Je ne l'ai découvert qu'il y a peu de temps. La nuit où j'ai pleuré après avoir mendié, je pleurais, c'est vrai ; mais, au plus profond de moi, je portais une sorte de jubilation de ce « qui ne se fait pas » et d'avoir épaté le bourgeois.

❧

Souvent, je pense à la mort. Je comprends d'ailleurs que certains croient à la réincarnation. Ça ne me paraît pas scandaleux, même si ça me semble superflu, ne serait-ce qu'en vertu d'un vieux principe de philosophie qui dit : « Il ne faut pas multiplier les réalités sans nécessité. »

❧

L'Être est nécessaire, bien sûr, mais n'en inventons pas inutilement. Cette réflexion me rappelle la question d'une journaliste : « Et si vous aviez à nouveau quarante ans ? » J'ai ri : « Madame, une fois ça suffit ! » Pour ce qui est de la réincarnation, je n'y vois vraiment aucune nécessité et je n'ai aucun désir de « remettre ça ».

De mes trois engagements de prêtre : pauvreté, chasteté, obéissance, celui qui m'a le plus coûté est la chasteté. La pauvreté monastique est frugale. On n'avait rien d'inutile, mais on ne manquait de rien. On ne s'inquiétait pas du lendemain.

L'obéissance : il n'est jamais arrivé qu'on me commande quelque chose que je ne voulais pas. Je n'ai aucun mérite.

Le renoncement à la tendresse d'une femme se veut de transférer vers le spirituel et l'Amour infini les amours humains : de cela, j'ai éprouvé une souffrance constante, quotidienne, toute ma vie.

Qu'il est difficile de se comprendre soi-même ! Une âme, quel abîme ! Lorsque l'on s'y penche pour y lire quelque chose, on ne voit qu'une image, toujours la même. C'est un Dieu qui apparaît au travers.

Une âme ! Qui n'a jamais su sonder une âme ?

Mes neveux m'ont demandé un jour : « As-tu connu la haine ? » Non. Il est vrai que je n'ai pas eu à combattre les armes à la main, je n'ai jamais été dans la situation d'avoir à tuer quelqu'un. Mais, par exemple, quand j'ai été arrêté en 1944 à Cambo-les-Bains, je n'ai éprouvé aucun sentiment de haine pour l'Allemand qui me disait : *« Komm, komm, Gestapo ! »*, alors qu'il m'entraînait hors de la ville. À ce moment-là, je le confesse, je n'ai eu qu'une pensée : « Ouf ! Ma tâche est finie ! »

Je viens de m'acheter un gros bouquin pour me mettre à l'informatique ; son titre : *Pour les nuls.* Ce titre est très drôle et, en même temps, pathétique quand je pense à tous ces pères de famille au chômage qui, parfois à plus de cinquante ans, doivent tout réapprendre pour ne pas être complètement dépassés.

La première fois que j'ai eu l'idée de faire un testament, c'était pendant mon noviciat. Déjà, à ce moment-là, m'habitait la pensée de mourir. J'avais vingt ans. Ce testament a été perdu, vingt-six ans plus tard, au cours des périodes les plus noires de ma vie dont le simple souvenir me fait encore mal. J'étais à la veille d'une opération, à bout de surmenage et d'épuisement. Le texte qui formait la partie la plus importante du dossier a été rédigée en décembre 1957 et commençait ainsi : « Depuis quarante ans que j'espère mourir… » L'autre texte important a été fait au cours de la semaine qui a précédé mon départ pour l'Amérique latine en 1963. J'écrivais : « Je porte en moi la conviction que c'est là que Dieu me prendra… »

Et le bateau qui me transportait de Montevideo à Buenos Aires a fait naufrage !

Enfin j'ai pris l'habitude de glisser dans le dossier des petits papiers, et je continue à le faire. Le plus récent, c'est celui que j'ai écrit une nuit où j'avais la fièvre, au Sahara, à 2 800 mètres d'altitude. Ces petits papiers, je les ai intitulés « Confidences ». Je les ai ajoutés un à un les jours où je me sentais mal, après une réunion difficile, un travail épuisant. Je les laissais sur la table... « Si demain j'étais mort. » Souvent, j'écris simplement : « Seigneur, viens ! » Car ce sont les moments où j'ai l'espérance que cette fois, ça y est, que cette fois, enfin, je vais quitter les ombres du temps.

19

CROIRE

L'Abbé Pierre a souvent abordé le thème de la sainteté, en glissant parfois une teinte d'ironie dans ses propos. Il a notamment développé ce qu'il nomme « l'anticléricalisme des saints ».

Il a su définir la foi, la jubilation et l'adoration.

« Grâce à Dieu, j'avais Dieu » est le cri de joie et de victoire qu'il lance. Dieu consolateur et remède à la solitude après des immersions dans la foule, lors de conférences, par exemple.

Il faut avoir pénétré la déformation de l'esprit chrétien, lente mais profonde, qui avait touché les âmes du second Empire, pour comprendre le coup divin et ses effets, car ils sont une énigme et angoissants. Ils sont une leçon. Oui, le coup de Dieu est toujours la grâce. Et, là encore, il le fut. Cet abandon d'une providence tant invoquée nous montre bien que ce n'était plus le Christ que l'on invoquait, mais un Dieu que l'on se faisait pour soi. Il n'y avait plus de saint. Dieu était fait bourgeois. Il fallait, on voulait qu'il le fût. Et Dieu jamais n'est bourgeois ! Dieu est expansion, ardeur, jamais n'est bourgeois ! Dieu est expansion, ardeur, générosité.

7 juin 1931

Il me semble que, depuis bien longtemps, et sûrement le plus souvent, Noël, c'est pour moi, chaque année… une grande lassitude, environnée de la joie et des sourires, de beaucoup… dans une paix au-delà des mots et des chants. Et ne fut-ce pas cela aussi pour la Vierge Marie et pour Joseph ? Eux pour qui il n'y avait pas de place, alors qu'ils devaient être si las, mais les anges et les bergers chantaient de joie, parce que s'accomplissaient le signe de tous les pardons et la rencontre de tout l'humain avec tout l'éternel qui est amour.

Noël 1974

La veille de mon ordination sacerdotale, j'avais été me confesser auprès du père De Lubac. Il venait de publier un ouvrage important, *Catholicisme.* Au moment de se quitter, il me dit : « Demain, quand vous serez étendu sur les dalles de la chapelle, ne faites qu'une prière à l'Esprit saint. Demandez-Lui qu'il vous accorde l'anticléricalisme des saints ! »

Désirer l'anticléricalisme des saints, qu'est-ce d'autre que s'efforcer d'accomplir les tâches de service de Dieu et des autres sans chercher à tirer des avantages ? Et c'est difficile, et c'est à reprendre chaque jour.

Toujours j'avais senti d'étranges forces m'attirant en la possession d'une perfection en laquelle on se puisse reposer. Il me fallait cela, une possession de perfection... Une possession entière, qui voit tout, qui sait qu'elle voit tout, que tout est là, loyale et réelle. Une possession divine...

Cette recherche sacrilège eût pu m'anéantir. J'eus l'immense grâce, après avoir beaucoup souffert dans cette voie, d'être doucement touché et arrêté, et d'entendre cette parole, ce verbe : « Et tout le reste vous sera donné par surcroît », et par là d'être illuminé.

❧

Comprenez bien. Rassurez-vous, je ne vais pas dire : « Je suis le dernier des derniers ! » Les saints, eux, en arrivent en pleine sincérité à le penser parce que leur regard est devenu si clair, leur soif de parfait si intense, qu'ils sont épouvantés, par moments, de la part d'ingratitude qui est en toute vie humaine, devant les dons de grâces reçues.

Je suis bien loin de cette lucide humilité ! Mais à la vanité que l'on n'a probablement jamais réussi à arracher entièrement de soi, que de confusion se mêle !

❧

Le croyant, lui, est, jusque dans le travail rigoureux du laboratoire, merveilleusement plus libre pour chercher, observer. Rien ne le force. Il sait que tout est possible, et le naturel, et le surnaturel. Aucune limite n'est imposée, en aucune direction ou dimension, à son interrogation. Qu'il est privilégié pour pouvoir être un chercheur total ! Totalement libre !

Le cloître, la souffrance et toute ascèse, c'est pour ceux qui voient de plus belles choses, les yeux fermés ouverts, pour ceux qui, dans le grain enfoui en terre, savent voir l'épi doré ondulant tout chargé sur sa svelte tige au soleil de l'été, dans la brise d'un beau jour, pour ceux qui, par-delà la terre, et par-delà l'azur lui-même, savent voir Dieu, l'Amour, le Paradis…

31 décembre 1931

Dieu, un être supérieur, infini, éternel. L'âme a besoin de cette notion de « Dieu ». Sa méditation est son rafraîchissement… Une âme privée de cette notion serait une âme éternellement assoiffée, condamnée à l'horreur de la nuit, des tumultes, des foules grossières, condamnée à vivre en des rues étroites et bruyantes et à toujours ignorer les campagnes, les sources, les fontaines, le chant et les caresses du vent dans les arbres, les spectacles imposants de l'espace, de l'immensité… Dieu, cette notion immense, et l'homme s'y baigne, s'y plonge, s'y « abîme ». Et là, il apprend à penser, là il apprend à désirer, là il apprend à ne pas être satisfait et à vouloir mieux, mieux toujours, pour toujours.

C'est en l'idée de Dieu que l'homme apprend à rêver d'infini et d'éternel, ce sans quoi il n'est pas l'homme.

24 mai 1930

Quand je parle avec mes compagnons, dont beaucoup ne sont pas des intellectuels, certains me disent : « Dieu, qu'est-ce que c'est ? » Je réponds : « Rappelle-toi ce jour où on avait dépanné de petits vieux dans une mansarde. On en avait bavé, on avait froid, on avait faim, et au retour tu m'as dit : "Père, que je suis heureux, quelle belle journée !" N'oublie jamais cela. À ce moment, tu recevais le don le plus merveilleux qui puisse exister, le don de sagesse. »

La foi n'est ni le fruit de raisonnements logiques ni le terme d'un calcul mathématique.

L'adoration est la merveille d'être ébloui sans avoir les yeux brûlés.

Mais dans le cloître, si tu me veux ainsi, tout à fait à toi, seul, dans la contemplation, c'est pour la France que je me mortifierai, et tu feras par quelqu'un, s'il te plaît ainsi, ce que j'avais rêvé... Pauvre franciscain, si c'est là que tu m'as placé selon tes plans éternels et parfaits, par les campagnes je prêcherai ton nom et te ferai obéir, servir, aimer, et je relèverai la France, et je la sauverai en la rendant chrétienne comme jadis.

3 mai 1930

Ainsi l'homme inquiet, l'homme qui a besoin de connaître, l'homme qui a besoin de savoir, l'homme qui a besoin de la métaphysique, qui ne peut se contenter de la science positive (atteignable par l'homme et la raison toute seule, dans son état présent), mais qui veut posséder la science absolue, pénétrer, posséder l'en-soi des êtres, posséder l'absolu, cet homme loyalement engagé doit, au plus tôt, loyalement renoncer, sitôt qu'il a vu Dieu – puis l'homme...

7 juin 1931

... et il doit trouver la déchéance humaine, la faute originelle, obscure peut-être, impénétrée mais découverte comme nécessaire, évidente, certaine, cet homme doit alors loyalement se jeter dans la voie de la perfection, la voie de la spiritualisation, la voie de la révélation, pour obtenir la connaissance qui assouvira son inquiétude. La seule voie est la voie où il pourra être satisfait. C'est la voie de la sainteté.

7 juin 1931

Le chemin de toute vie est bordé par des personnes. Ce n'est pas un chemin dans le désert. C'est un chemin parmi d'innombrables humains, et l'on y passe en ignorant le plus souvent leurs richesses cachées. Parfois – Dieu merci –, on y cueille un fruit inattendu. Et l'on sait – encore Dieu merci – que par plus d'un, même inconnu, on sera cueilli à son tour. Jusqu'à l'heure où c'est Dieu qui cueillera sa fleur avant qu'elle ne soit trop fanée.

Trois choses m'ont été révélées par la foi : premièrement, cet Éternel, dont ma raison me dit : « Sûr, Il est, Il est », voilà que je découvre que son être est d'être amour.

Deuxièmement, le fait que le Verbe se fait chair, se donne à l'humanité, acceptant toutes les conséquences possibles, est une incitation à l'amour. Il n'est pas vrai que le Père veut les horreurs de la passion du Christ comme une expiation. Ce qu'il veut, ce qu'il a voulu, est différent. L'homme étant né capable d'amour, avec de la liberté, donc le pouvoir d'aimer, il a voulu être l'un de ces humains et bâtir avec eux, pour eux.

Troisième point essentiel, tout cela me fait savoir que mon être d'homme est liberté, pour que je sois capable de répondre par l'amour à l'amour. Si l'Éternel est amour, je suis aimé : puisqu'il est venu, je suis aimé.

Je comprends ce que vivent les gens du spectacle : une fois passé l'effet de foule, une fois terminée cette sorte de communion électrique avec des milliers de personnes qui vibrent à l'unisson, on se retrouve seul. Mais, acteurs ou chanteurs, ils ont encore près d'eux, pendant quelques heures, leur bande d'amis. Suivra quand même l'heure de la solitude. Pour moi, elle était là, écrasante, dès que j'eus quitté Dom Helder. Après le temps des larmes, une fois revenu au couvent, il y eut un temps secret d'Adoration devant le tabernacle. Je n'avais pas le choix : il me fallait aller à la rencontre d'une espérance plus forte pour dominer la solitude. Peu de temps avant sa mort, Montherlant a écrit : « Quand on a longtemps regardé le monde, la vie, il n'y a pas d'autre alternative que Dieu ou le suicide. » Grâce à Dieu, j'avais Dieu !

Alors que j'étais malade, j'avais lu le *Discours de la méthode* de Descartes. J'étais ébloui par la « règle des dénombrements entiers » qui représente l'enchaînement des logiques. Tant qu'il n'est pas sûr de pouvoir récapituler des dénombrements entiers, il doute. Cette rigueur de la logique cartésienne avait brusquement mais profondément cheminé en moi.

Quelques mois plus tard, j'étais en classe de seconde, un prêtre me dit : « Tu t'apprêtes à occuper ta vie, à la conduire en fonction de cette foi. Mais si tu étais né musulman, bouddhiste ou athée, sans plus de recherche que tu n'en as fait en écoutant et en disant amen, quelle certitude te resterait-il ? » Je me suis alors retrouvé tout nu.

D'autres événements ont suivi, dont deux furent considérables. Pendant que je lisais toute la littérature panthéiste, je me suis trouvé face à la parole de Moïse rencontrée dans une lecture : « Tu leur diras : "Je suis" m'envoie vous dire... » Cela a été un changement de ma vie intérieure. Et puis, il y a eu ce voyage à Assise.

20

S'ENGAGER

L'engagement bien connu de l'Abbé Pierre apparaît comme une logique et a débouché sur des actions plus ou moins médiatisées (souvent plus que moins).

Les courageux engagements de ce prélat hors du commun sont bénéfiques et fructueux. Le catalogue présenté ici est loin d'être exhaustif et embrasse de multiples causes, dans la plus grande diversité : le préservatif, l'avortement, la construction de l'Europe ou la reconnaissance due aux squatters.

Lorsqu'on a commencé à parler du préservatif, j'étais dans l'une de nos communautés. À un journaliste qui m'interrogeait là-dessus, j'ai dit : « Le meilleur des préservatifs, c'est la fidélité, mais l'être humain trébuche, il est fragile, il doit se protéger de la contagion et préserver les autres, ne pas ajouter le crime à la faute… »

❧

Les squatters ne sont responsables ni de la crise économique ni de celle du logement. Si une de ces lois passe, le lendemain, je me rends coupable, et je viens aider n'importe quelle famille à forcer une porte. Tenez-vous prêts !

❧

La dette du tiers-monde, sur laquelle vous êtes assis et croyez indéfiniment prospérer – cet endettement gigantesque qui rapporte davantage aux pays riches que toutes les politiques d'aide au développement ne leur coûtent –, est un volcan qui peut, du jour au lendemain, du jour où le Mexique, le Brésil, déclareraient : « Nous ne devons plus rien ! » précipiter l'économie mondiale dans la ruine.

Il faut que la voix des hommes sans voix empêche les puissants de dormir.

Peut-être que ce que nous avons fait de plus important, c'est d'avoir eu cette insolence de faire des choses qui ne se font pas, de dire des choses qui ne se disent pas, de braver cette hypocrisie inconsciente des gens heureux, et de leur jeter à la figure le spectacle désagréable de la souffrance, de la détresse injustes de ceux qui sont malheureux.

Qu'on ne me demande pas d'être prudent ou de mûrement réfléchir avant de prendre une décision. Qu'on ne me demande pas non plus d'être sage, comme on dit à un enfant : « Sois sage. Ne bouge plus. » Ce n'est pas la peine. Je n'aurai jamais cette sagesse-là. C'est ainsi, je suis bâti comme cela.

Je ne suis pas trop catastrophé. Je pense que la nécessité de la réalité européenne est tellement forte que, malgré ce que je peux considérer comme une stupidité, qui est le non, l'Europe n'en mourra pas. Le fait de voir voter dans le même sens Mitterrand, Giscard, Chirac..., j'en ai une espèce de jubilation qui me fait sourire devant beaucoup des propos de ceux qui s'évertuent à trouver des arguments convaincants pour le non.

Quand les écologistes sont venus me demander d'être tête de liste aux Européennes, l'argument qu'ils employaient, et qui était tentant, était le suivant : « Vous avez une forte probabilité d'être élu sur votre notoriété plus que sur les valeurs que défend l'écologie. Et comme vous serez le doyen d'âge de l'Assemblée, c'est vous qui aurez à prononcer le discours d'ouverture du Parlement européen. Vous démissionnerez le lendemain, mais vous aurez pu, ce jour-là, dire des choses essentielles qui vous préoccupent. » J'ai refusé. On ne récupère pas comme cela l'Abbé Pierre.

Distinguer entre l'héroïsme de la perfection et l'humainement possible.

C'est d'ailleurs la réponse que j'ai faite quand on m'a interrogé pour la première fois sur le sida, et cette réponse, qui a d'abord paru audacieuse, était reprise, deux jours après, par le cardinal à Paris, puis par l'*Osservatore Romano*. Pour répondre au journaliste, j'avais demandé du temps, puis je lui ai envoyé un télégramme où je disais : « L'Église, les évêques, les prêtres ont le devoir d'exposer l'appel à la perfection que demande l'Évangile, que ce soit dans la vie conjugale ou dans la vie célibataire. Mais nous sommes tous fragiles. S'il arrive que nous fautions, n'ajoutons pas le crime à la faute. Celui qui, dans la faute, se ficherait pas mal du risque de contamination et n'userait pas de préservatif, celui-là serait un criminel. » Toutefois, le préservatif parfait, n'est-ce pas la fidélité ?

Pour en revenir à la limitation des naissances, elle ne rend pas le mariage sans objet. Demeure en effet le soutien mutuel des époux qui est, nous le savons, autant une fin du mariage que la procréation.

L'an dernier, au moment où s'ouvrait le débat sur le budget du logement, j'ai écrit aux députés et aux sénateurs :

— Messieurs,

Vous devez prendre, tout de suite, deux décisions :

— Reconnaître comme « catastrophe nationale », avec toutes les conséquences de droit et de devoir que cela implique, le fait qu'en France deux millions et demi de familles sont mal logées et que quatre cent mille personnes couchent dehors.

— Établir immédiatement, dans le cadre du plan, quelque « haut comité pour l'habitat des défavorisés ». [...] Vous ne pourrez jamais dire, sénateurs et députés, après ce que je vous écris cette nuit (il est 3 heures du matin) : « Nous ne savions pas. »

Plus tard, je leur ai écrit :

« Ne nous regardez pas en ennemis de l'ordre, en adversaires du pouvoir. Nous avons pour seule volonté de vous aider à être dignes de vos charges selon la loi de paix et de vie : servir premiers les plus faibles. »

BIBLIOGRAPHIE

ABBÉ PIERRE, *L'Abbé Pierre parle aux Canadiens*, Éditions de l'Homme (Montréal), 1956.

ABBÉ PIERRE et JACQUARD Albert, *Absolu*, Seuil, 1994.

ABBÉ PIERRE et AMBLARD Hélène, *Amour toujours*, Seuil, 1992.

ABBÉ PIERRE, *Le Bal des exclus et autres drames sacrés*, Fayard, 1996.

ABBÉ PIERRE, *Cent poèmes contre la misère*, Cherche-Midi/Fondation de France, 1988.

ABBÉ PIERRE, *C'est quoi la mort ?*, Albin Michel, 1999.

ABBÉ PIERRE, *Confessions*, Albin Michel, 2002.

ABBÉ PIERRE, *Je voulais être marin, missionnaire ou brigand. Carnets intimes inédits*, Cherche-Midi, 2002.

ABBÉ PIERRE, *Le Défi de l'Abbé Pierre et les chiffonniers d'Emmaüs*, Mame, 1956,

ABBÉ PIERRE et KOUCHNER Bernard, *Dieu et les Hommes*, Robert Laffont, 1993.

ABBÉ PIERRE, *Dieu merci*, Centurion, 1995.

ABBÉ PIERRE et CHEVALIER Bernard, *Emmaüs ou venger l'homme*, Centurion, 1979.

ABBÉ PIERRE et MONOD Théodore, *En route vers l'Absolu*, Flammarion, 2000.

ABBÉ PIERRE, *Feuilles éparses, poèmes*, Éditions d'Emmaüs, 1955.

ABBÉ PIERRE et LENOIR Frédéric, *Fraternité*, Fayard, 1999.

ABBÉ PIERRE et LENOIR Frédéric, *Mémoire d'un croyant*, Fayard, 1997.

ABBÉ PIERRE, *Miettes de vie*, Le Livre ouvert, 1991.

ABBÉ PIERRE et LENOIR Frédéric, *Mon Dieu... pourquoi ?*, Plon, 2005.

ABBÉ PIERRE, *Paroles*, Acte Sud, 1999.

ABBÉ PIERRE, *Permis de vivre*, pièce représentée au théâtre de l'El Dorado en décembre 1988.

ABBÉ PIERRE, *Le scandale de la faim interpelle l'Église*, Apostolat des Éditions, 1968.

ABBÉ PIERRE, *Testament*, Bayard, 1994.

ABBÉ PIERRE, *Vers l'homme. Entretiens et conférences*, Le Cerf, 1956.

ABBÉ PIERRE et QUOIST Michel, *La Voix des hommes sans voix. Paroles de l'Abbé Pierre*, Éditions ouvrières, 1990.

BURNIER Michel-Antoine et ROMANE Cécile, *Les Secrets de l'Abbé Pierre*, Mille et une nuits, 1996.

JOST Philippe, *Les Quatre Vérités de l'Abbé Pierre*, Hors Collection, 1995.

LE BOURSICAUD Henri, *Compagnons d'Emmaüs*, Le Cerf, 1979.

LEFÈVRE Denis, *Les Combats d'Emmaüs*, Cherche-Midi, 2001.

LUNEL Pierre, *L'Abbé Pierre, l'insurgé de Dieu*, Éditions N° 1/Stock, 1989.

LUNEL Pierre, *Mes images de bonheur, de misère et d'amour*, Fixot, 1994.

LUNEL Pierre, *Quarante ans d'amour*, Éditions N° 1/Stock, 1992.

REPLAND L.-C., *L'Abbé Pierre vous parle,* Centurion, 1955.

ROUMIEUX André, *L'Abbé Pierre, le pèlerin d'Emmaüs*, Presses du Châtelet, 1999.

SIMON Boris, *Les Chiffonniers d'Emmaüs*, Seuil, 1954.

Communauté de Montbéliard, *À contre-courant avec l'Abbé Pierre*, « Racines, Montbéliard », Espace Documents, 1985.

« Une terre et des hommes », revue *Faim et soif*, 1954-1989, Emmaüs International.

TABLE

Cet ouvrage a été composé
par Atlant' Communication
aux Sables d'Olonne (Vendée)

Impression réalisée sur CAMERON par

BRODARD & TAUPIN
GROUPE CPI

La Flèche (Sarthe)
en avril 2006

pour le compte des Presses du Châtelet

Imprimé en France
N° d'édition : 286 – N° d'impression : 35529
Dépôt légal : avril 2006